中华精神家园

古建涵蕴

绝代王陵

气势恢宏的帝王陵园

肖东发 主编 陈书媛 编著

中国出版集团

现代出版社

图书在版编目（CIP）数据

绝代王陵：气势恢宏的帝王陵园 / 陈书媛编著. —
北京：现代出版社，2014.5（2019.1重印）
ISBN 978-7-5143-2314-6

Ⅰ. ①绝… Ⅱ. ①陈… Ⅲ. ①陵墓－介绍－中国－古
代 Ⅳ. ①K878.8

中国版本图书馆CIP数据核字(2014)第085380号

绝代王陵：气势恢宏的帝王陵园

主　　编：肖东发
作　　者：陈书媛
责任编辑：王敬一
出版发行：现代出版社
通信地址：北京市定安门外安华里504号
邮政编码：100011
电　　话：010-64267325 64245264（传真）
网　　址：www.1980xd.com
电子邮箱：xiandai@cnpitc.com.cn
印　　刷：三河市华晨印务有限公司
开　　本：710mm×1000mm　1/16
印　　张：9.5
版　　次：2015年4月第1版　2021年3月第4次印刷
书　　号：ISBN 978-7-5143-2314-6
定　　价：29.80元

党的十八大报告指出："文化是民族的血脉，是人民的精神家园。全面建成小康社会，实现中华民族伟大复兴，必须推动社会主义文化大发展大繁荣，兴起社会主义文化建设新高潮，提高国家文化软实力，发挥文化引领风尚、教育人民、服务社会、推动发展的作用。"

我国经过改革开放的历程，推进了民族振兴、国家富强、人民幸福的中国梦，推进了伟大复兴的历史进程。文化是立国之根，实现中国梦也是我国文化实现伟大复兴的过程，并最终体现为文化的发展繁荣。习近平指出，博大精深的中国优秀传统文化是我们在世界文化激荡中站稳脚跟的根基。中华文化源远流长，积淀着中华民族最深层的精神追求，代表着中华民族独特的精神标识，为中华民族生生不息、发展壮大提供了丰厚滋养。我们要认识中华文化的独特创造、价值理念、鲜明特色，增强文化自信和价值自信。

如今，我们正处在改革开放攻坚和经济发展的转型时期，面对世界各国形形色色的文化现象，面对各种眼花缭乱的现代传媒，我们要坚持文化自信，古为今用、洋为中用、推陈出新，有鉴别地加以对待，有扬弃地予以继承，传承和升华中华优秀传统文化，发展中国特色社会主义文化，增强国家文化软实力。

浩浩历史长河，熊熊文明薪火，中华文化源远流长，滚滚黄河、滔滔长江，是最直接的源头，这两大文化浪涛经过千百年冲刷洗礼和不断交流、融合以及沉淀，最终形成了求同存异、兼收并蓄的辉煌灿烂的中华文明，也是世界上唯一绵延不绝而从没中断的古老文化，并始终充满了生机与活力。

中华文化曾是东方文化摇篮，也是推动世界文明不断前行的动力之一。早在500年前，中华文化的四大发明催生了欧洲文艺复兴运动和地理大发现。中国四大发明先后传到西方，对于促进西方工业社会的形成和发展，曾起到了重要作用。

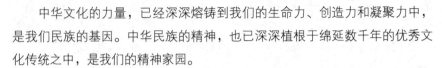

中华文化的力量，已经深深熔铸到我们的生命力、创造力和凝聚力中，是我们民族的基因。中华民族的精神，也已深深植根于绵延数千年的优秀文化传统之中，是我们的精神家园。

总之，中华文化博大精深，是中国各族人民五千年来创造、传承下来的物质文明和精神文明的总和，其内容包罗万象，浩若星汉，具有很强的文化纵深，蕴含丰富宝藏。我们要实现中华文化伟大复兴，首先要站在传统文化前沿，薪火相传，一脉相承，弘扬和发展五千年来优秀的、光明的、先进的、科学的、文明的和自豪的文化现象，融合古今中外一切文化精华，构建具有中国特色的现代民族文化，向世界和未来展示中华民族的文化力量、文化价值、文化形态与文化风采。

为此，在有关专家指导下，我们收集整理了大量古今资料和最新研究成果，特别编撰了本套大型书系。主要包括独具特色的语言文字、浩如烟海的文化典籍、名扬世界的科技工艺、异彩纷呈的文学艺术、充满智慧的中国哲学、完备而深刻的伦理道德、古风古韵的建筑遗存、深具内涵的自然名胜、悠久传承的历史文明，还有各具特色又相互交融的地域文化和民族文化等，充分显示了中华民族的厚重文化底蕴和强大民族凝聚力，具有极强的系统性、广博性和规模性。

本套书系的特点是全景展现，纵横捭阖，内容采取讲故事的方式进行叙述，语言通俗，明白晓畅，图文并茂，形象直观，古风古韵，格调高雅，具有很强的可读性、欣赏性、知识性和延伸性，能够让广大读者全面接触和感受中国文化的丰富内涵，增强中华儿女民族自尊心和文化自豪感，并能很好继承和弘扬中国文化，创造未来中国特色的先进民族文化。

青春凌

2014年4月18日

华夏始祖陵——炎帝陵

汉景帝陵——汉阳陵

黄帝陵是中华民族始祖黄帝轩辕氏的陵墓，位于陕西省延安黄陵城北的桥山，山体浑厚，气势雄伟，山下有沮水环绕。山上有千年古柏，四季常青，郁郁葱葱。而轩辕黄帝的陵冢就深藏在桥山巅的古柏中。

黄帝陵古称"桥陵"，为我国历代帝王和著名人士祭祀黄帝的场所。

据记载，最早举行祭祀黄帝始于公元前442年，自770年建庙祀典以来，黄帝陵一直是历代王朝举行国家大祭的场所，有"天下第一陵"的美誉。

黄帝陵

为了纪念共同的祖先

远古时期，在我国河南禹州生活着一个有熊部落。黄帝是这个部落的首领，他本姓公孙，是我国远古传说伏羲和女娲之孙，少典之子。他生长于姬水，也就是后来的陕西武功漆水河之滨，因此改姓

姬。有说黄帝因为居住在轩辕之丘，就是后来的河南新郑的西北，所以以"轩辕氏"为号。也有说因他发明了轩冕，故称之为轩辕。

传说黄帝一生下来没过多久便能说话。到了15岁，已经无所不通了。公元前2697年，20岁的黄帝便成为了有熊部落的首领。黄帝成为部落首领后，有熊氏的势力得到迅速发

轩辕黄帝画像

■ 黄帝陵现代建筑

展，并形成了一个独立的部落。

　　轩辕建立了我国第一个王朝，被称为"黄帝王朝"，他的部落不再称作有熊国了。因为黄帝有土德之瑞，土色之黄，故称"黄帝"。有熊部落也被称为黄帝部落。

　　在他的带领下，有熊部落在上古时期姬水一带成为较为文明的部落。

　　在当时，古老的氏族制度已日益瓦解，各氏族部落之间为争夺领地、扩充势力经常相互侵伐，暴虐百姓，天下纷乱。

　　在此情势之下，黄帝一方面大力训练军队，将本部落军队和统归他领导的以虎、豹、熊、罴等为图腾的各部落人马训练成一支号令严明、训练有素、战斗力强的勇猛之师，用以讨伐那些破坏部落联盟规则、相互侵伐的部落，迫使他们归顺于黄帝部落。

　　另一方面，黄帝在部落内推行德政，爱护百姓，

伏羲　又称宓羲、庖牺、包牺、牺皇、皇羲、太昊、苍牙等，是华夏民族的人文始祖，受到中华儿女的称赞和共同敬仰。传说他发明创造了八卦，创造了历法、教民渔猎、驯养家畜、婚嫁仪式、始造书契、发明陶埙、琴瑟乐器、任命官员等。

绝代王陵

气势恢宏的帝王陵园

■ 黄炎联盟

教化万民，积极发展畜牧农业生产，发明了打井、做杵臼、做弓箭、服牛乘马、驾车、造舟船等技术。

黄帝的妻子嫘祖养蚕抽丝、染制五彩衣裳、制扉履。黄帝的史官仓颉创造了文字，臣子大挠占日月、作干支，乐官伶伦发明乐器。据说世界上第一只锅，是黄帝本人制作的，很快，人们就学会和推广用锅煮饭烧菜了。

黄帝部落的活动范围也日渐扩大，从发祥地陕西北部逐渐向东进入黄河中游流域地区。此后逐渐东进，后来定居于河北涿鹿附近。

在黄帝领导的部落进入黄河中下游地区的同时，西方以炎帝为首的炎帝部落和南方以蚩尤为首的九黎族部落也进入了黄河中下游流域。

传说炎帝族发祥于陕西岐山东面的姜水附近，该部落沿渭水东下，再顺黄河东进入河南西南部，后到

■ 三祖堂壁画蚩尤像

达山东地区。炎帝族首领炎帝也是少典的儿子，黄帝的兄弟，姓姜，号神农氏，生得牛头人身。

炎帝族与黄帝族世代互通婚姻。炎帝族部落在其进入山东地区的进程中，与从南方北上的九黎族部落相遇，双方发生了长期激烈的冲突。

传说九黎族首领蚩尤长着四只眼睛六只手，人身牛蹄，头上生着锐利的尖角，耳旁鬓毛硬如刀剑，以石头和沙子当饭吃。蚩尤武功高强，还能呼风唤雨。他共有81个兄弟，人人铜头铁额，个个凶猛无比。

炎帝族在与九黎族激烈的冲突中失利，被迫退向北方，向居住在涿鹿地区的黄帝族求援。黄帝闻讯后，便与炎帝族联合，准备抵御蚩尤的进攻。

在当时，蚩尤部落已掌握了铜的冶炼技术，他们开山洞采集矿石，打造戈、矛、戟、弩弓等各种兵器，因此具有强大的战斗力。

戈 我国先秦时期一种主要用于勾、啄的格斗兵器。流行于商至汉代。其受石器时代的石镰、骨镰或陶镰的启发而产生，原为长柄，平头，刃在下边，可横击，又可用于勾杀，后因作战需要和使用方式不同，戈便分为长、中、短3种。

绝代王陵

气势恢宏的帝王陵园

■ 三祖堂壁画"合符釜山"

指南车 又称司南车,是古代一种指示方向的车辆,也作为帝王的仪仗车辆。指南车起源很早,历代曾几度重制,但均未留下资料。直至宋代才有完整的资料。它利用齿轮传动系统和离合装置来指示方向。在特定条件下,车子转向时木人手臂仍指南。指南车的自动离合装置显示了古代机械技术的卓越成就。

一次,蚩尤带领81个兄弟,指挥大量军马,气势汹汹地向黄帝军队发起了进攻。

双方人马在涿鹿原野上展开了激烈厮杀。正当双方人马酣战时,蚩尤施展本领,造起弥天大雾。黄帝及其人马顿时迷失在大雾之中,大家不辨方向、敌我不分、自相残杀,蚩尤趁机进攻。

正在危急之时,黄帝的臣子风后制造了指南车,车上立一木人,手指着特定的方向,无论车子如何旋转,木人手始终指向同一方向。黄帝统率大军依靠指南车的指引,冲出了大雾的包围。

后来,黄帝命臣子应龙选一适当地形,准备以水攻击蚩尤的大军。不料蚩尤抢先从天上请来了风伯和雨师,纵起漫天的狂风暴雨扫向黄帝大军。

黄帝的军队被打得队形大乱、四散奔逃,陷于一片汪洋之中。黄帝大惊,连忙招来自己的女儿天女魃从天上下凡助战。

天女魃降落到地面，施展本领，将狂风暴雨和遍地洪水一扫而光，黄帝大军才转危为安。黄帝立即命令大军乘势转入反攻。大家士气大振，向蚩尤部队猛冲，势如破竹，杀得蚩尤部人马丢盔弃甲、大败而归。

为防止蚩尤反扑，黄帝开始驯养猛兽助战。他将猛兽饿上几天后，又命军士穿上蚩尤部的服装去逗弄它们，等它们被激怒后，便丢一些小动物。久而久之，猛兽一看见穿蚩尤部服装的人就冲上前去撕咬。

黄帝利用猛兽最终战胜蚩尤之后，天下重归太平。各部落一致推举他为天子。从此，黄帝成为中原地区部落联盟的首领。

黄帝战败蚩尤后，建立了部落联盟，定居在桥山。他发现桥山一带的人们，有的栖居于树，有的与兽同穴，既不文明，又不安全。

雨师 也叫萍翳或者玄冥，是我国道教传说中掌管雨的神灵，左手时常带着一条小龙。传说雨师能随意控制降雨，掌管着全部水源，是我国古代传说中掌管天气的神灵之一。

风伯 又称风师、箕伯或飞廉，也就是风神。传说风伯是蚩尤的师弟，是人面鸟身的天神，专门掌管着八面来风的消息，能运通四时的节日气候，是我国古代传说中掌管天气的神灵之一。

■ 三祖堂壁画"嫘祖养蚕"

轩辕黄帝雕像

　　黄帝便教化桥山人们在临水靠山的半坡上砍树造屋，离开树枝和洞穴搬进新屋。又把桥山改名为桥国。

　　桥山人们住进房屋后，日常生活方便多了，但他们经常砍伐树木，没过几年，桥山周围的树林全被砍光了。就连黄帝曾多次下令禁止砍伐的常年不落叶的柏树，也被砍伐得一棵不剩了。

　　就在这时候，一场暴雨袭来，山洪突然暴发，洪水像猛兽一般从山下猛冲下来，把几十人以及黄帝得力的大臣共鼓、狄货都卷走了。黄帝悲痛万分。

　　雨过天晴，黄帝亲自带领大臣们上山查看，发现凡是树林被砍光了的山峁，不仅挡不住水，连地上的草也被冲得一干二净了。

　　黄帝看见满山遍野都是洪水过后留下的沟沟洼洼，心情十分沉重，他对群民说："今后再也不能乱砍树木了。如果再乱砍下去，野兽也没处藏身了。到那时，我们吃什么？穿什么？"

　　众臣觉得黄帝说得有理，都问他该怎么办？黄帝说："我愿和大家一齐上山栽树种草。"说罢，黄帝就自己带头栽了一棵小柏树。臣民们都学黄帝的样子，纷纷栽树种草。不出几年，桥国的山山峁峁林草茂密，一片葱绿。人们都很感激黄帝。从此，植树造林便成了我们中华民族的一个优良传统，世世代代一直延续下来。

黄帝担任部落联盟首领后，对那些不服从命令的部落，率兵四处亲征。他的足迹东至大海，北到河北，南至长江流域，西达甘肃。经过多年的征战，黄帝终于统一了中原。

黄帝以仁德治理天下，任用风后、常光、力牧、大鸿四大臣辅政，管理朝政，安顿万民。经过黄帝的努力，中原地区获得了统一。涿鹿大战之后留在中原地区的九黎族部落民众，与炎黄两族融为一体，成为了华夏族。

所以，我们中国人便把黄帝奉为始祖，我们常常把自己称为炎黄子孙。黄帝为我们中华民族创造了丰富灿烂的中华文化。

黄帝时期重创造、自强不息的精神，在黄帝以后成为中华民族的共同精神财富。为了纪念这位传说中的共同祖先，后人还在陕西黄陵县北面的桥山上造了一座"黄帝陵"。

阅读链接

据说黄帝活了118岁。有一天，在他东巡期间，突然晴天一声霹雳，一条黄龙自天而降。黄龙对黄帝说："你的使命已经完成，请你和我一起归天吧！"

黄帝自知天命难违，便上了龙背。当黄龙飞越陕西桥山时，黄帝请求下驾安抚臣民。人们闻讯从四面八方赶来，个个痛哭流涕。

在黄龙再三催促下，黄帝又跨上了龙背，人们拽住黄帝的衣襟一再挽留，却没有成功。黄龙带走了黄帝之后，只剩下了黄帝的衣冠。

于是人们就把黄帝的衣冠葬在桥山，起冢为陵。这就是传说中黄帝陵的由来。但也有人说，黄帝去世后就安葬在桥山。

秦代修建与祭祀黄帝陵

黄帝去世后，人们选择了"桥山之巅"，将他深深埋进黄土里，希望"黄帝灵魂升天，精神永远常在"。

历代帝王将相乃至平民百姓都到此拜谒，这就是中华儿女拜谒的中华第一陵，即黄帝陵。

■陕西黄帝陵

蠹立在中原黄土高原之上唯一长满几万株千年松柏的山，它叫桥山。

其实，桥山顶上由于干旱等原因，原来没有树木，是光秃秃的一片。人们在黄帝陵前祭供的食物，常被飞禽走兽抢食一空。

看到这种情况，人们心里很不安。有位名叫青山的老人，便在黄帝陵周围栽种了很多树，想

■ 轩辕黄帝的陵园

用树的树叶把陵墓遮挡起来。青山老人整天挖树、栽树，忙个不停。时间一长，被九天玄女发现了，她便回到天宫把此事禀告了玉皇大帝。

玉帝说："青山老人对黄帝一片赤诚之心，天宫早已知晓，只是他独自一人栽树，要到何年何月，才能栽满桥山呢？"说完，玉帝就命令九天玄女把天宫收藏的常年不落叶的柏树籽都撒在桥山上。

第二年春天，整个桥山沟沟岔岔，山山峁峁，都长出了绿莹莹的柏树苗。

青山老人看见满山都长出了柏树苗，非常高兴，于是，他就整天在山上给树苗培土、除草。日积月累，年复一年，一棵棵柏树长得根深叶茂，整个桥山变成了葱绿一片。

不知又过了多少年，青山老人已年过百岁，虽然

九天玄女 简称玄女，也叫九天娘娘、九天玄女娘娘或者九天圣母，是我国古代神话中的女神仙。传说九天玄女是玄鸟变化的，长着人头的鸟神，是一位法力无边的女神，也是正义之神。

■ 陕西黄帝陵

绝代王陵

气势恢宏的帝王陵园

陈抟（871年—989年），也叫睡仙或希夷祖师，是我国宋初时著名的道教学者。传说他继承了汉代以来的相术学传统，并把清静无为的思想、道教修炼方术和儒家修养、佛教禅观归于一流，因此也是我国太极文化的创始人和宋代理学的奠基人。

胳膊腿已不灵活，但每天仍然坚持上山护林。就在这时候，桥山来了一个名叫拾怪的恶霸，他凭着自己有10个儿子，暗偷明抢，胡作非为，无恶不作。

拾怪发现桥山柏树长得又粗又大，便起了歹心。他带领两个儿子明目张胆地上山砍树。

青山老人发觉后，急忙就来阻止。拾怪父子三人蛮不讲理地说："满山遍野都是树，我们砍几棵有何不可？"

青山老人说："祖陵地上的树，谁也不许砍！"

拾怪根本不听这一套，指挥儿子继续砍树。青山老人上前把树身紧紧抱住。拾怪挥起一拳，就把青山老人打倒在地。年迈之人，哪经得起这样的拳打，眼看着青山老人两眼一闭死去了。

这个时候，正好陈抟老祖从桥山的上空经过，见拾怪打死了护林老人青山，急忙返回天宫，告知王母娘娘。

王母娘娘从南天门上往下一看，不由得怒从心起，随手拔下头上两支金簪，往下一抛。拾怪的两个儿子随即惨叫一声，便倒在血泊中了。

原来两支金簪在空中变成了两把锋利的宝剑，直插拾怪两个儿子的胸前。拾怪不知宝剑的来由，以为有人在暗算他们父子，一气之下，便放火烧山了。

王母娘娘发现桥山树林起火，立即请龙王降雨。霎时大雨倾盆，很快就把烈火扑灭了。桥山柏树经过这场灾难，不但没有绝种，反而变得更加繁茂了。

所以民间有这样的传说："桥山古柏，棵棵都是神树；谁要乱砍，全家都要遭殃。"

有个好吃懒做名叫赖顺的人，偏偏不相信。有年冬天，雪下得有1米深，赖顺冻得实在受不住了，便偷偷跑上桥山，把山上的柏树枝偷砍了一担，挑回家里当柴烧。

谁知点火以后，柴只冒浓烟，不起火焰。赖顺用

剑 古代兵器之一，属于"短兵"。素有"百兵之君"的美称。古代的剑由金属制成，长条形，前端尖，后端安有短柄，两边有刃的一种兵器。剑为具有锋刃之尖长兵器，而其大小长短，端视人体为标准，所以须量人而定。我国在商代开始有制剑的史料记载，一般呈柳叶或锐三角形，初为铜制。

■ 陕西黄帝陵

中华第一陵
黄帝陵

飞檐 我国传统建筑檐部形式之一，多指屋檐特别是屋角的檐部向上翘起，如飞举之势，常用在亭、台、楼、阁、宫殿或庙宇等建筑的屋顶转角处，四角翘伸，形如飞鸟展翅，轻盈活泼，所以也常被称为飞檐翘角。飞檐是我国建筑民族风格的重要表现之一，通过檐部上的这种特殊处理和创造，增添了建筑物向上的动感。

014

绝代王陵

气势恢宏的帝王陵园

口越吹，浓烟越大，最后把他呛得跌倒在地，两眼直翻，口吐鲜血，气断身亡。

邻居们闻讯赶来一看，原来赖顺烧了桥山柏树枝，怪不得落了个如此下场。从此以后，再没有人敢随便砍伐桥山的古柏了。

就是有的孩子偶尔把落在地上的枯树枝拾回家当柴烧，都会受到家中老人的严厉责骂，非叫孩子把拾回的枯树枝送回桥山不可。桥山古柏就这样一代一代地保护下来了。

我们中华民族祭祀活动源远流长。早在春秋战国时期就有了祭祀黄帝的活动。

据有关史书记载，战国初期，公元前422年，开始恢复祭祀黄帝。这是轩辕黄帝在历史上第一次由神的地位改为人的祖先。

秦统一六国后，开始大规模修建黄帝陵园。同时规定皇室的坟墓一律称作"陵"，一般庶民坟都称作"墓"。黄帝陵古称桥陵。是因为，沮河水由西向东呈半圆形绕此山而过，东边有河，西边亦有河，就像水从山底穿过，故此山名叫桥山。陵因山而得名，叫桥陵。

■ 陕西黄帝陵

通往黄帝陵的神道，也叫登道，用石头铺就。该石登道共229级，长250

■ 黄帝陵内"夸父追日"纪念景物

米，宽2.53米，途中有道弯4处，面积不等的平台26处。石登道两旁有1.08米高的护栏，370个高1.34米的柱头分别雕有各种形状的石雕。

后经过重修，石登道就由陵道和神道两部分组成了，总长455米，宽5米，其中陵道长260米，神道长195米。全用花岗岩条石铺筑。石登道采用形断而意连、曲不离直的手法构建，共277个台阶。

陵道两侧古柏参天，翠色长驻。陵道尽头，就是陵区。陵区四周，顺依山势，修有绵亘不绝的青砖围墙，高1.6米，涂以红色，象征至尊至伟。墙头为红椽绿瓦，古色古香。

封土前方有一祭亭，飞檐起翘，气宇轩昂。陵园区内选用5000块大型河卵石铺砌，巧妙地象征着中华民族的五千年文明史。

黄帝陵陵园内北端为轩辕桥，宽8.6米、长66米、

石雕 造型艺术的一种。又称雕刻，是雕、刻、塑三种创制方法的总称。指用各种可塑材料或可雕、可刻的硬质材料，创造出具有一定空间的可视、可触的艺术形象，借以反映社会生活、表达艺术家的审美感受、审美情感、审美理想的艺术。石雕的历史可以追溯到距今一二十万年前的旧石器时代中期。从那时候起，石雕便一直沿传至今。

■ 轩辕黄帝陵园

九五之尊 是我国古代的一种形容帝王的说法。古人认为九是最大的奇数，有尊贵之意，五在奇数中处于居中的位置，有调和之意。这两个数字组合在一起，既尊贵又调和，象征至高无上的帝王。宫廷中常见"九五"的实用例证，最多表现在建筑的开间数上，如天安门、午门等主要门阙都是面阔九开间，进深五开间，以符卦象。

高6.15米，全桥共9跨，有石梁121根，桥面设护栏，栏板上均雕有古典图案花纹。

桥山古柏，倒映池中，与白云蓝天交相辉映，为黄帝陵平添了无限灵气。轩辕桥北端为龙尾道，共设95级台阶，象征黄帝"九五之尊"至高无上的寓意。

北面为诚心亭。面阔五间。进深1间。祭祀官员至此须整饰衣冠，静心净面，方可进入大殿祭祀。再北为碑亭，面阔5间，进深1间，卷棚顶。亭内立有"祭黄帝陵文"和"黄帝陵"碑石。

在轩辕庙内一块约1米见方的青石上，印刻着黄帝的脚印。凡是来黄帝陵谒陵拜祖的人，几乎都要到轩辕庙院内看一看黄帝的脚印。

关于黄帝的这双脚印，还流传着一个故事：相传黄帝时期，没有衣帽，更没有鞋袜，人们不是用树叶遮体，便是以兽皮缠腰。

　　黄帝也和其他的人一样，腰间缠着兽皮，光着脚板，长年累月奔走各地，为民造福。即便到了冬天，天寒地冻，黄帝出外奔走时也是光着双脚。

　　后来，有人给黄帝做了一双木屐，穿起来虽比光着脚板走路好多了，但行动却有些不便，他出外巡察，或上山狩猎仍不能穿。

　　有年冬天，黄帝外出回来，脚被冻烂了。穿木屐不方便，黄帝身边一位名叫素雀的人偷偷用麻布给黄帝缝了个布筒。

　　黄帝在脚上试了试，太短小了，根本穿不上。即使如此，黄帝也不见怪，还表扬了素雀的创造精神，素雀却十分难过。

　　有一天，素雀去河边担水，发现黄帝独自一人从河滩走过，留下了深深的脚印，素雀仔细一看，心里

祭祀　是华夏礼典的一部分，更是儒教礼仪中最重要的部分，礼有五经，莫重于祭，是以事神致福。祭祀对象分为三类：天神、地祇、人鬼。天神称祀，地祇称祭，宗庙称享。祭祀的法则详细记载于儒教圣经《周礼》、《礼记》中，并有《礼记正义》、《大学衍义补》等书进行解释。

■黄帝陵黄帝脚印

■陕西黄帝陵全貌

亮了。原来黄帝的脚特别大，如果按脚印做，鞋就不会再小了。

于是素雀担完水，取来石刀，在黄帝脚印四周的胶泥上划了四方格，晒干后，捧回家，放在石板上，然后按尺寸做成了一双软木作底、麻布作帮的高筒靴子。

黄帝试穿后，很满意。他十分珍爱这双靴子，平时舍不得穿它，只是遇到节日或开庆功会时才穿上它。而这块石板就被保存下来了。

阅读链接

黄帝陵内有古柏14棵，其中的一棵古柏特别粗，树枝像虬龙在空中盘绕，一部分树根露在地面上，叶子四季不衰，层层密密，像个巨大的绿伞。这棵柏树相传是黄帝亲手种植的，被称为"柏树之王"。

传说黄帝在乘龙升天，飞经桥国上空时，还特意让巨龙停下来，再看一眼自己亲手栽下的这棵柏树。

他在临行时，黄帝又随手把人们送给他的干肉块扔下来，落在自己栽种的柏树上。传说后来黄帝手植柏树的树干上长的24个疙瘩，就是那时黄帝扔下的肉块变的。

历代加强修建与祭祀

刘邦建立大汉后，规定天子陵旁必设庙。汉朝初期就在桥山西麓建起了"轩辕庙"。整个陵园，南北约210米，东西约72米。陵园有两个门，分立东西两侧。

■黄帝陵守护神

■ 黄帝陵"汉武仙台"

绝代王陵 气势恢宏的帝王陵园

从东门进入陵园区，有一棂星门，门两旁是仿制的汉代石阙。从西门而入，步行数步，左侧是一座高24米的夯筑高台，台旁立一石碑，上书"汉武仙台"4字，为后来明代嘉靖七年闰七月所立，落款为"滇南唐琦书"。此台距陵墓45米，两条石砌曲径通向台顶，四围古柏环抱，台顶高达林梢，有"登台一次，增寿一年"之说。

此台始建于公元前110年。汉武帝刘彻勒兵10万，号称18万大军，北征朔方，凯旋后，他看到高大雄伟的黄帝陵，立即停兵祭祀。同时为了使自己长寿成仙，他又令兵士于此起20米高土筑台，后人称祈仙台。祈仙台距陵墓45米。

据说，汉武帝修建起九转祈仙台的第二天，旭日东升。于是汉武帝命令18万大军列队，分布在马家山，印台山，桥山，三山军队面向黄帝陵，俯首默祭。军乐四起，满山旌旗迎风飘展。

汉武帝卸下盔甲，挂在一棵柏树上，独自登上祈仙台祈祷，保佑汉室江山永保平安，自己也想早日成仙，像黄帝一样变龙升天。而被汉武帝挂过盔甲的这棵柏树，周身上下，斑痕密布，纵横错乱，柏液从中溢出，似有断钉在内，枝干皆然。

这就是桥山柏中独一无二的"挂甲柏"。每到清明时节，这棵古柏枝干上溢出的柏液就会凝结为球状，像挂满了珍珠宝石一般闪闪发光，晶莹夺目，经阳光反射后尤为壮观。

在汉武仙台之旁，在桥山之巅，便是黄帝陵冢。陵冢位于桥山山顶正中，为土冢，扁球状，直径为16米。土冢下部筑方形墓台，以烘托陵墓的神圣感。方台与圆冢相结合，上圆下方，具有"天圆地方"与"天地相合"的象征意义。唐代宗时期，又对轩辕庙进行了历时两年的重修扩建，并栽植柏树1140多棵。

969年，因被沮河水连年侵蚀，桥山西麓经常发生崖塌水崩，威胁庙院安全，地方官员上书朝廷，宋太祖赵匡胤降旨，将轩辕庙由桥山西麓迁移桥山东麓黄帝行宫。这就是后来人们拜谒的轩辕庙。

■ 黄帝陵"挂甲柏"
和"皇帝手植柏"

丙申 为干支之一，顺序为第三十三个，是我国传统纪年农历的干支纪年中一个循环的第三十三年就是"丙申年"。干支纪年是我国古代的一种纪年法，即把十二地支按照顺序组合起来纪年。

黄帝陵千百年来流传在当地民谣说：

汉朝立庙唐扩建，到了宋朝把庙迁，

不论谁来坐皇帝，登基都不忘祖先。

蒙古族问鼎中原建立元朝后，曾经颁布过一道森严的保护黄帝陵庙的法令。

1325年，泰定皇帝也孙铁木儿收到陕西中部县的状子，即是关于轩辕庙保生宫被火烧一案。泰定帝大怒，立即召集宫内文武官员上殿议论。泰定帝说：

黄帝轩辕氏，乃我中华民族元祖，不论汉、满、蒙、回、藏，还是苗、瑶、彝、黎、藩，都要敬护我元祖陵寝，如有人放火烧宫，破坏陵庙，实属不赦。

■ 黄帝陵内黄帝石刻像

泰定帝说罢，由他亲自口授，命身边文官，用汉字写了一份圣旨，立即派使臣星夜兼程，送往陕西中部县。

在明朝的时候，明朝廷也十分重视黄帝陵的祭拜。

大明开国皇帝朱元璋，在1371年，他委派身边重臣管勾甘带上他亲笔写的祭黄帝"御制祝文"前往黄帝陵祭祀。朱元璋还规定，今后祭黄帝祭文必须由皇帝本人执笔，并将每次祭陵的"御制祝文"刻石留存。

在距黄帝陵约200米的道旁，有一座竖立的下马石，上面写着"文武官员至此下马"，意思是"不论大小文武官员，到此必须下马。"这块石碑是明太祖朱元璋洪武年间设立的，目的是用来提醒前来谒陵拜祖的人，在祖先陵前一定要庄重严肃。

古代山路崎岖，谒祖祭陵者多骑马坐轿，但行至此处，均下马落轿，整理衣冠，平静心情，恭行至陵前。

■ 黄帝陵前的下马石碑

黄帝陵前立有一块石碑，上书"桥山龙驭"4字，意为黄帝驭龙升天之处。落款为"大明嘉靖丙申十月九日滇南唐琦书"，就是1536年书写的。

1682年，清圣祖康熙亲笔用满文写了一份祭黄帝文。身边大臣看后，建议康熙译成汉文，康熙皇帝接受了这个建议。汉满文字一并刻在一通石碑上，后来放在轩辕庙碑廊里。

有一通古碑上书"古轩辕黄帝桥陵"，是清代陕西巡抚毕沅在1776年所立，后碑石遗失了。

后来，黄帝陵又进行了大整修，目标是以黄帝陵、黄帝庙深刻的内涵为基础，通过整修使之成为弘扬中华民族文化，增强民族精神凝聚力的圣地。

同时保护好文物古迹和古柏林，为古柏林的生长

巡抚 又称抚台，我国明清时期的官名，主管一省的军政和民政，是代表着地方的军政大员之一。巡抚要巡视各地的军政、民政大臣，以"巡行天下，抚军按民"而得名。

龙角柏

提供良好环境。还有就是让建筑与山川水势相结合，融陵、山、水、城于一体，体现出了"雄伟、壮观、肃穆、古朴"的气势。

在整修过程中，吸收了传统思想的精华，追求汉代更古朴和更粗犷的建筑风格，并使所有建筑风格形象力求统一。

整修以黄帝陵、轩辕庙为重点，包括庙前区、庙宇、功德场及神道、陵区和外围景观等区域。形成了祭祀谒陵完整的建筑结构形态。其中庙院广场以五千年文明文化的系列石雕石刻加以点缀。

整修黄帝陵是全体炎黄子孙智慧的结晶和力量的凝聚点，增强了人们对先祖的崇敬和对文明古国历史文化的自豪感。

阅读链接

轩辕庙对面有条小山沟，名叫暖泉沟。传说有一年，黄帝之妃嫘祖因常年养蚕抽丝和制作衣服，劳累过度，终于卧床不起，很想能喝到白水家乡的泉水，因为那里的泉水清澈，甘美，喝了提神。

这消息被桥国人们知道了，大家决心把白水泉水引到桥国，让嫘祖在病中能喝到家乡泉水。人们都自愿投入到开渠劳动中。

此事感动了龙王，龙王用爪一划，就把白水到桥国的地下水渠开通了。从此，桥国泉水味道也变得和白水泉水一模一样了。更使人惊奇的是，桥国泉水不但日夜涌流，而且还变得冬暖夏凉，所以人们把它称作"暖泉"。

炎帝陵

炎帝陵坐落于株洲炎陵的鹿原陂，被称为"神州第一陵"，是中华民族始祖之一炎帝的安息地，也是炎黄子孙寻根祭祖的主要场所，"神州第一陵"的主要建筑有炎帝陵殿和神农大殿等。

在我国历史传说中，炎帝开创了华夏原始农业，是农耕文化的创始人。是他创造了木制耒耜，教民耕种，提高了农作物产量。是他遍尝百草，为人医病，是中草药的第一位发现者和利用者……

总之，炎帝一直受到我们炎黄子孙的无比敬仰，因此对他的祭祀也从未间断过。

农业与医药之神的炎帝

　　大约在5000年前的西秦大地上，生活着一支部落叫有娇氏。其首领女儿有娇氏，名叫女登，嫁给有熊氏部落首领少典为正妃。

　　女登生了一个孩子取名叫石年，石年因为在姜水一带长大，也就是后来的宝鸡一带，所以有"姜"姓之称。

　　小石年长大后，他担任了有娇氏部落的首领。他以火德称氏，因此被称为炎帝。

　　有一天，有一只周身通红的鸟儿，衔着一棵五彩九穗的谷粒飞在天空，当鸟儿掠过炎帝的头顶时，九穗谷掉在了地上。

炎帝神农氏画像

炎帝看见了，就把穗谷捡起来埋在了土壤里，后来就长出了一棵苗，不久苗又结了穗。炎帝就把谷穗放在手里揉搓后放在嘴里咀嚼，他感到很好吃。

■ 炎帝陵炎帝塑像

炎帝从中受到启发了，他想要是把谷粒埋到土里，年年种植，年年收获，这样人们的食物就会源源不断了，人们的吃食问题不就解决了吗？

但是在那时，五谷和杂草长在一起，哪些可以吃，哪些不可以吃呢？谁也分不清。炎帝就一样一样地尝，一样一样地试种，最后他从中筛选出了菽、麦、稷、稻等五谷。

炎帝为了教人们种庄稼，他就用石片在地里敲着，走着，喊着："草死，苗长。"草就死去了。

后来，人们变懒了，在天热时，大家就用绳子把石片吊在树上，便坐在树下敲着，喊着。但是草也不死了。

正妃 也叫大妃、嫡妃或者元妃，是我国古代时期君主用来称呼尚未封后的嫡配夫人的称号。只有君主的正室妻子能被称呼为正妃，正妃也是嫔妃之中地位最高的称号。

火德 是金德、木德、水德、火德、土德的五德之一，五德也就是金、木、水、火、土的五行。以五行中的火来附会王朝历运的称为火德。

■ 炎帝陵神农大殿

　　人们学会了用石片铲草了，但是草一铲去，地又被晒干了，而且铲草很费力气。有的人铲草劲使猛了，石片铲子也就断了。人们只得把断了的石片翻过进行扒草，这样使着比铲还顺手，从此便有了锄。

　　炎帝教会了人们种植五谷后，他又教人们打井汲水，对农作物进行灌溉，这样收成就越来越多了，也逐渐满足了人们的吃饭要求了。

　　炎帝又发明了耒耜，教人种五谷，解决了民以食为天的大事，为人类由原始游牧生活向农耕文明转化创造了条件。

　　随着五谷的大量种植，人们的食物逐渐有了剩余。于是，炎帝又把野生的猪、狗、羊、牛、鸡等进行人工饲养，既作为人的肉食，又驯其畜力服务于人，由此又出现了畜牧农耕。

　　炎帝渐渐发现，人们在采集活动中经常误食某些动植物，会发生呕吐、腹疼、昏迷、甚至死亡等现象。他同时还发现，人们吃了某些动植物，却能消除或者减轻身体的一些病痛，或解除因其他食物而引起的中毒现象。在渔猎生活中，炎帝又发现，吃了某些动物的肢体、内脏，能产生特殊的反应。

那时候，五谷和杂草长在一起，药物和百花开在一起，哪些植物可以吃，哪些植物可以治病，谁也分不清，人们只能靠打猎生活，但是天上的飞禽越打越少，地下的走兽也越打越稀，人们只好饿肚子。同时，人们苦于无医无药，生疮害病时只能受着病痛的煎熬。

人们的疾苦，炎帝看在眼里，疼在心头。怎样为人们治病呢？他思冥苦想了三天三夜，终于想出了一个办法。

第四天，炎帝带着一批人，从家乡随州历山出发，向西北大山走去。他们走哇，走哇，腿走肿了，脚起茧了，还是不停地走，整整走了七七四十九天，来到一个地方。只见高山一峰接一峰，峡谷一条连一条，山上长满了奇花异草，他们从大老远就闻到香气。

大家正往前走，突然从峡谷里窜出一群虎豹蟒蛇，把大家团团围住。大家挥舞着鞭子，向野兽打去。可是打走一批，又来一批，一直打了七天七夜，才把野兽都赶跑了。那些虎豹蟒蛇身上被鞭子抽出的一条条或一块块伤痕，后来就成了它们皮上的斑纹。

大家觉得山里太险恶了，就劝炎帝回去。但他摇摇头说："不能

炎帝陵炎帝大殿

回！大家饿了没吃的，病了没医的，我们怎么能回去呢？"

炎帝说着领头进了峡谷，来到一座茫茫大山脚下。这山半截插在云彩里，四面是刀切崖，崖上挂着瀑布，长着青苔，溜光水滑，很难爬上去。大家又劝炎帝算了吧，还是趁早回去。

炎帝摇摇头还是说："不能回！大家饿了没吃的，病了没医的，我们怎么能回去呢？"炎帝站在一个小石山上，对着高山，上望望，下看看，左瞅瞅，右瞄瞄，打主意，想办法。他站的这座小山峰就是后来的"望农亭"。

炎帝想着想着，突然他看见几只金丝猴顺着高悬的古藤和横倒在崖腰的朽木爬来爬去。他灵机一动，把大家喊来，叫人砍木杆，割藤条，靠着山崖搭成架子，一天搭上一层，从春天搭到夏天，从秋天搭到冬天，不管刮风下雨，还是飞雪结冰，都决不能停工。

就这样整整搭了一年，搭了360层，才搭到山顶。传说，后来人们用的脚手架，就是学习炎帝的办法。

■炎帝陵建筑

■ 炎帝陵风景

炎帝带着大家攀登木架上了山顶，他亲自采摘花草，放到嘴里尝。为了防备虎豹狼虫，为了能在这里尝遍百草，他为人们找吃的，找医药，又叫大家在山上栽几排冷杉，当作墙壁防野兽，并在墙内盖茅屋居住。炎帝他们当时住的地方就是后来的"木城"。

白天，炎帝领着人们到山上尝百草。晚上，他把百草详细记载下来，哪些草是苦的，哪些是热的，哪些是凉的，哪些能充饥，哪些能医病，他都记得清清楚楚。

有一次，炎帝把一棵草放到嘴里一尝，突然一头栽倒。大家慌忙扶他坐起，可是他已经中了毒，不会说话了，只好用最后一点力气，指着面前一棵红亮亮的灵芝草，又指指自己的嘴巴。

大家慌忙把那红灵芝放到嘴里嚼嚼，并喂到炎帝嘴里。炎帝吃了灵芝草后，毒气解了，头不昏了，又能说话了。

人们担心炎帝这样尝草太危险了，都劝他还是下山回去吧！但他仍然摇摇头说："不能回！大家饿了没吃的，病了没医的，我们怎么

■ 炎帝陵大殿

绝代王陵

气势恢宏的帝王陵园

茶　我国南方的嘉木，茶树的叶子制成茶叶后可以泡水饮用，有强心、利尿的功效，是一种保健饮品。茶的口感甘甜，清新醇厚，香味持久，是我国各地普遍受欢迎的一种饮料，同时也是世界三大饮料之首。茶是我国人民对世界饮食文化的贡献。

能回去呢？”说罢，他又接着尝百草。

炎帝尝百草时，随身带着一只能看到人五脏六腑、十二经络、帮助他识别药性的獐鼠。有一天，獐鼠吃了巴豆，腹泻不止。

炎帝把獐鼠放在一棵青叶树下休息，过了一夜，獐鼠居然奇迹般地康复了，原来是獐鼠吸吮了青树上滴落的露水解了毒。

炎帝摘下青树的叶子放进嘴里品尝，他顿感神志清爽，还甘润止渴。他就教人们种这种青树，这就是后来的茶树。

炎帝因为教人种植五谷，并发明农具，以木制耒，教民稼穑饲养等，逐渐被人们称为“神农氏”，他对中华民族的生存繁衍和发展做出了重要贡献。作为中华民族第一个由渔猎转入农耕的氏族部落，神农氏族开创了我国的农业文化。

炎帝神农氏以身实践和探索的精神，能分辨什么植物可以吃，什么植物不可以吃，亲尝百草，以辨别药物作用。他撰写了人类最早的医学著作《本草》，奠定了我国中医学的基础，也开创了中医学文化，因此被人们称为医药之圣。

随着农业的出现，人们的劳动果实有了剩余，炎帝便设立了集市，让人们把吃不完、用不了的食物和东西，每天中午拿到集市上去交换，从而出现了我国最原始的商品交易市场。

炎帝还教人们用麻织布，让人们穿衣。那时，人们本无衣裳，仅以树叶、兽皮遮身，直到炎帝教人们用布做衣服后，人们才开始穿衣，这使人类由蒙昧社会向文明社会迈出了重大一步。

炎帝还发明了五弦琴，用来给人们娱乐。他削桐为琴，结丝为弦，这种琴后来叫神农琴。

据记载，神农琴"长三尺六寸六分，上有五弦，为：宫、商、角、徵、羽"。这种琴发出的声音，能道天地之德，能表神农之和，能使人们心情十分舒畅。

炎帝还削木为弓，以威天下。他发明了弓箭，能够有效防止野兽的袭击，能够有力打击外来部落的侵犯，能够保卫人们的生命安全和劳动成果。

中医 也称汉医，是我国传统医学，是研究人体生理、病理以及疾病的诊断和防治等的一门学科。中医以阴阳五行作为理论基础，将人体看成是气、形、神的统一体，通过望、闻、问、切，四诊合参的方法，使用中药、针灸等多种治疗手段，使人体达到阴阳调和而康复。

华夏始祖陵

炎帝陵

■ 炎帝陵一角

■ 炎帝陵一角

绝代王陵

气势恢宏的帝王陵园

冬至 又称"冬节"、"长至节"或"亚岁",是我国农历中一个重要节气,也是中华民族的一个传统节日。冬至是二十四节气中最早制定出的一个,时间在每年阳历12月21日至23日,我国北方大部分地区在这一天还有吃饺子、南方吃汤圆吃南瓜的习俗。

炎帝又制作了陶器,他发明器皿、陶盆和陶罐等,用来改善人们生活,解决人们的生活用具问题。

在陶器发明前,人们加工处理食物只能用火烧烤,有了陶器后,人们就可以对食物进行蒸煮加工了,还可以贮存物品和酿酒了。陶器的使用,改善了人们的生活条件。

为了促使人们有规律地生活,并按季节栽培农作物,炎帝还立历日,立星辰,分昼夜,定日月,月为三十日,十一月为冬至。

炎帝和黄帝还结为联盟,共同打败了九黎族蚩尤,他们两人在自己部落里威望都很高。炎帝管理自己部落时,治理很有方法。他不求回报,不贪天下之财,一心想使人们共享幸福。

他以德以义,不赏而民勤,不罚而邪正,不忿争而财足,无制令而民从,威厉而不杀,法省而不烦,炎帝部落的人们都很尊敬和爱戴他,想推举他做黄帝和炎帝联盟的新首领。

与此同时,黄帝的治理也非常贤明,于是他也被自己部落的人们推举为联盟新首领。这样一来,黄帝和炎帝就不得不相互较量决出胜负,这场决战就是著名的阪泉之战。

开战之后，黄帝率领"熊、罴、狼、豹、貔、虎"六部军队在阪泉之野与炎帝摆开战场，六部军队各持自己的崇拜物为标志的大旗，黄帝作为六部统帅也持一面类似"大纛"之旗，列开了阵势。

炎帝在黄帝没有防范的情况下，先发制人，以火围攻，使得轩辕城外浓烟滚滚，遮天蔽日，黄帝用水熄灭火焰，并率兵将炎帝赶回阪泉之谷，嘱手下士兵只和炎帝斗智斗勇，不得伤其性命。在阪泉河谷中，黄帝竖起七面大旗，摆开了兵法中的星斗七旗战法。

炎帝火战失利后，面对星斗七旗战法，无计可施，就回到营内，不再挑衅。黄帝仰慕炎帝的医药和农耕技术，决心与他携手创建文明国家。他在炎帝营外摆阵练兵，千变万化的阵法层出不穷，星斗七旗阵，让炎帝看得眼花缭乱，在长达3年多的操练中，黄帝各部的战斗力逐渐增强了。

炎帝则利用山崖作屏障，只是观望阵势，不主动出战。黄帝在3年多的时间内，一边以星斗七旗战法练兵进行掩护，一边派兵日夜掘进，将洞穴挖到炎帝营的后方。终于有一日，黄帝兵将突然从中窜出，偷袭了炎帝阵营，捉住了炎帝。

■ 炎帝陵建筑

道统 儒家传道的脉络和系统。儒家道统分为认同意识、正统意识、弘道意识三个方面。"道统"一词最早由南宋思想家朱熹提出的，但道统说的创造人却并非朱熹，而是千百年来众所公认的唐代儒家学者韩愈。

炎帝心服口服了，他没有听从属下的建议要求再战，而是主动说服部下归附了黄帝。黄帝做了联盟首领，炎帝则主动要求分管农业。

黄帝把联盟治理得非常好，炎帝与黄帝也配合得非常好，在他的领导下，农业经济得到了很大发展，极大地推动了社会的发展。

炎帝在神农时代开创了丰富多彩的原始物质文明和精神文明，由此而形成的炎帝文化与黄帝文化融合为炎黄文化，成为了中华文化的源头。

炎帝和黄帝本为兄弟，只是后来分家治理不同的地域罢了，家族的第一原则就是合族，而不是依靠战争征服。炎帝晓明大义，最后将小宗归为大宗，所以从黄帝开始，人们便尊黄帝、炎帝为人文始祖，是华夏道统的象征。

黄帝与炎帝两个部落渐渐融合成了华夏族，两人都是我国民族、文化、技术的始祖，传说他们以及他

■ 炎帝陵炎帝石像

们的臣子、后代在上古时创造了很多非常重要的发明。

炎帝精神主要是探险精神和奉献精神，以及敢为人先的创造精神。炎帝精神使最早的华夏民族在与自然和社会斗争中，摆脱了愚昧和野蛮，能够追求先进、文明与和平，这种精神使华夏民族获得了高度的团结和统一。

炎黄文化博大精深，绵延不衰，培育了一代又一代的中华儿女，激励着一代又一代炎黄子孙为了中华民族而奋斗不息。炎黄子孙都有着对自己伟大民族和共同祖先的认同感和自豪感，炎黄文化已成为维系炎黄子孙团结友爱的巨大精神力量。

阅读链接

相传，炎帝有一次梦见天堂栽着被称为"稻"和籽叫作"谷"的植物，但是，他不知怎样才能把谷种取回来。

有一天，他问身边的狮子狗说："你知道该怎样去天堂找谷种吗？"狮子狗点了点头就到天堂去取谷种。但是，稻谷有天神把守。狮子狗就悄悄地洗了个澡，然后跑到谷堆上打了个滚，把稻谷沾在身上，回到了人间。

炎帝把谷种播种到地里，不久就长出了禾苗，并结出了谷粒。经过反复栽培，越种越多，后来就成了人们的主要食物。

人们为了感谢狮子狗到天堂盗取谷种的功劳，所以每当过"尝新节"，首先就要祭祀炎帝，然后再给狮子狗一碗新米饭和一块粉蒸肉吃，最后才是自己"尝新"。

气势恢宏的神州第一陵

炎帝与黄帝建立联盟后，炎帝除了分管农业发展外，他继续游历各地，遍尝百草，为民治疾病。有一天，炎帝来到后来的湘赣交界处，他发现了70多种毒草，但他误尝了断肠草，最终殒命了。

炎帝去世后，人们将其用棺木装殓，驾船北上，准备送到炎帝故土安葬。但船行到洣水畔的鹿原陂时，船突然倾翻，不能再行了。

■ 陕西炎帝祠

■ 炎帝陵牌坊

原来这里曾经是天庭里太上老君养神鹿的地方。后来，由于天庭的需要，太上老君把养鹿场迁出了天庭。太上老君看到人间美好，特别是这里的人们勤劳、淳朴、善良，就打算造福人间。

他就把一批神鹿留在了此地，于是这里就叫"鹿原陂"了。从此，这里森林茂密，绿草茵茵，百花四季常开，神鹿成群、迷雾重重，犹如人间仙境。

炎帝尝百草路过此地时，他发现此地奇花异草很多，就经常在此地采药、炼药、配药、验药，并给这里的人看病、治病。

他还用图形或特殊符号把药的形状、性质、用途以及病例一个一个地记载了下来，用来造福百姓。传说，他的很多药方都是太上老君赏赐的，因为炎帝在鹿原陂的所作所为感动了太上老君。

炎帝也很留恋这个地方，当他的棺木行到此处

神鹿 是我国古代神话传说中神仙们最常见的宠物之一，神仙们下凡时经常骑着鹿出现。据说鹿本来是没有角的，是后来玉皇大帝赐给了鹿一对龙角，鹿因龙角而延长了寿命，因此我国古代认为鹿是一种高贵吉祥的动物，是有神力的。

■ 炎帝陵远景

时，他就不愿走了。人们见此地山环水绕、气象不凡，更因为当地人们的挽留，就在此地下葬了炎帝，并修建了炎帝陵。

炎帝陵坐落于株洲的鹿原陂，当时只是一个简单的陵墓。在洣水河的一湾名叫斜濑水的地方，向东如黛的水墨青山间，纵深绵延一个盆地。

那狭长的盆地之中突兀隆起方圆大约1千米的"翠微高原"，陂上陂下，浑然相连一体的两栋重檐翘角的高大楼宇，金碧辉煌，气势恢宏，这里便是炎帝陵。

斜濑水边，圣陵西侧，一方摩崖石刻"鹿原陂"3个大字，这是后来清道光年间炎陵知县沈道宽手书，笔力千钧，思接千载，传递着深深的"寻根谒祖"的民族感情。

在陂下，便是后来经过修缮的炎帝陵殿。在陂上，便是后来建的公祭区，主体建筑为神农大殿。炎帝陵殿，矗立着炎帝神农氏金身祀像；神农大殿，耸立着炎帝神农氏石雕祀像。

两座炎帝神像尽管风格迥异，意蕴却是一致。炎帝赫赫"八大功绩"，为神农大殿左、右、后3面墙上巨幅石雕壁画内容：

始种五谷以为民食、制作耒耜以利耕耘、遍尝百草以治民恙、织麻为布以御民寒、陶冶器物以储民用、日中为市以利民生、制弧剡矢以御侵凌、居树造屋以安万民。

陵墓千百年来一直有成百上千的白鹭守卫。每当夕阳西照、彩霞满天的时候，就会有成群结队的白鹭从四面八方飞向炎帝陵，降落在参天古木之上。白鹭为什么会世世代代为炎帝守陵呢？

传说炎帝逝世后，不但人间处处哀痛，就连飞禽走兽也都为之悲伤。飞禽们听到噩耗后，立即召集百鸟商讨，如何报答炎帝的大恩大德。因为是炎帝教人们种五谷作为食物后，才使它们得以休养生息并免遭捕杀的。

■炎帝神农氏之墓

百鸟决定派出代表前往吊唁炎帝，就让一队白鹤和一组大雁作为飞禽的特使，前往参加炎帝丧礼。白鹤、大雁受命之后，身披白孝服，口念哀悼词，日夜兼程，不停不歇，朝着治丧的地方飞去。

因为天高地阔，路途遥远，白鹤、大雁飞了很久才飞到白鹿原。而这时，炎帝的灵枢早已安葬完毕，它们责备自己没有赶上葬礼，就在炎帝陵前天天哀哭。

它们这样虔诚的哀痛感动了玉帝，玉帝下旨给它们正式取名为"白鹭"，并命它们作为天使守卫炎帝陵。所以，炎帝陵的白鹭总是特别多。后人见此奇观，曾作诗歌颂。诗道：

口碑同赞神农业，乔木轻摇太古春。
白鹭护陵花锦簇，苍梧云气共嶙峋。

神农功德同天地，鹿原有幸葬炎帝。
千古遗风说到今，白鹭虔心守炎陵。

我国历朝历代对炎帝陵的维护和修缮都很重视。在汉代，就开始了对炎帝陵的祭祀。

967年，宋太祖钦命在炎帝陵前立庙。同时下诏

042

绝代王陵
气势恢宏的帝王陵园

■ 炎帝陵远景

禁樵采、置守陵户。此后历朝历代，对炎帝陵祭祀、修茸不断。

1186年，衡州守臣刘清之鉴于炎帝陵的炎帝庙比较小，于是奏请朝廷，要扩大规模，重建炎帝庙。

在宋代以后至元代近百年间，朝廷只有祭祀炎帝陵的活动，而没有诏修炎帝陵庙的记载了。到了明代，有关炎帝陵庙的修茸史书记载颇详，较大规模的修茸就有3次：

■齐天鼻祖炎帝塑像

第一次是1370年，明太祖朱元璋即位后，便诏命遍修历代帝王陵寝，由此炎帝陵庙也得到了一次全面修茸。

第二次是1524年，由酃县知县易宗周主持。这次是在原庙旧址上拓宽兴建，基本上改变了旧庙原貌。

第三次是1620年。酃县县令派人于路旁募款，发起重修。新庙规模虽因循旧制，但庙貌大为改观。

到了清代，对炎帝陵庙的修茸有据可查的有9次。1647年，南明将领盖遇时部进驻炎陵，屯兵庙侧，炎帝陵庙遭到破坏。之后，当地官民士绅及时进行了补茸，但当时修茸未能完善。

1696年，清圣祖康熙帝派遣太仆寺少卿王绅前往炎帝陵告灾致祭。王绅见陵庙破损严重，就回朝廷奏请修茸，康熙帝准奏。由酃县知县龚佳蔚督工，整修一新，但是未能恢复前代规模。

1733年，知县张浚动用国帑，按清王朝公布颁行的古帝王陵殿统一格式重建，陵庙也统称陵殿而正其名。

这次修建，奠定了炎帝陵殿的基本形制，形成了"前三门、行礼亭、正殿、陵寝"的四进格局。整座陵殿为仿皇宫建筑，气势恢宏，体现了我国古代建筑的传统特色。

1837年，是清朝最大的一次修复炎帝陵，由知县俞昌会主持、当地士绅百姓募资捐款所进行的一次重修。重修工程自孟夏开始，年底竣工，费时8个月有余。

这次重修后的炎帝陵殿，高大宽敞，金碧辉煌，庄严肃穆，蔚为壮观，各附属建筑，依山傍水，错落有致，与主殿相辉相映，形成了一个统一的整体，也为炎陵山增添了无限秀色。

后又经过多次修缮，重修后的炎帝陵殿，规模较前稍有扩大，整个建筑占地面积3800多平方米。

炎帝陵殿位于炎陵山西麓，是炎帝陵景区的主体景点，沿陵墓南北纵轴线均衡对称布局，坐北朝南，南临洣水，南北长73米，东西宽40米，面积4936平方米，建筑面积903平方米。

陵殿外修复了咏丰台、天使馆、鹿原亭等附属建筑。整个建筑金碧辉煌，重檐翘角，气势恢宏，富有民族传统风格。

■黄帝陵咏丰台

陵园保持了浓郁的建筑风格，红墙黄瓦，古木参天，庄严肃穆，气势恢宏。陵殿分为五进：

第一进为午门，拱形石门，高4米、宽2.6米，门前为边长50米的朝觐广场，左右分列为拱形载门和长方形掖门，门扇均为实榻大门。

午门正中，有一块汉白玉石碑，前嵌盘龙龙陛，取名龙盘虎踞，是天下一统、江山稳固之意。石碑的左右分立雄健的山鹰和白鹿花岗石雕。

关于这两座石雕，还有一个故事。相传炎帝的母亲名叫女登，有一天晚上，她梦见天上的太阳落在怀里，感到又温暖又舒服。一年零八个月后，女登生下一个红球，红球在地上滚了几滚之后裂开，中间坐着一个胖乎乎的男孩，他就是后来的炎帝。

有一天，女登和大家一起去采果实，便把孩子放在一块大石头上，让孩子晒太阳。谁知孩子睡醒后，感到又热又饿，便"哇哇"大哭起来，哭声惊动了山中的生灵。

这时，岩鹰飞了过来，为孩子遮阴扇凉。接着，山鹿也跑过来，为孩子喂奶。孩子歇阴纳凉，吃着鹿奶，又甜甜地睡着了。此后，每当女登离开孩子时，鹰和鹿都会很快过来照顾护理。因此，人们认为鹰和

■ 炎帝陵午门 午门是我国古代所有的建筑物都是非常讲究八卦方位的，尤其是皇家的陵墓。陵殿尤其要布局工整，不能犯忌讳。由于用十二时辰象征方位，午就相当于陵殿的南方。古代皇族认为南字音同难，不吉利，因此都把南门称为"午门"。

庑殿 又称四阿殿、五脊殿，庑殿建筑屋面有四大坡，前后坡屋面相交形成一条正脊，两山屋面与前后屋面相交形成四条垂脊，是我国古代建筑中最高形制的一种形式，象征着至高无上，是我国古建筑中的皇家建筑专用的建筑形式。

鹿也是炎帝的母亲。

炎帝去世后，为了纪念炎帝的另外两位母亲，人们就雕刻了石鹰、石鹿，安放在炎帝墓冢左右，和炎帝同等祭祀。

967年修建炎帝庙时，就将石鹰、石鹿移放在主殿前方的左右两侧了。

第二进为行礼亭，是炎黄子孙奉祀始祖的地方。这里采用庑殿顶，前后檐各四柱落脚的三开间长方亭，面宽14.03米，进深5.53米，亭高8.33米，正上悬挂着一块写着"民族始祖、光照人间"的匾额，亭前嵌双龙戏珠龙陛，取名双龙起舞，是盛世逢年、天下太平之意。

亭中设置香炉、烛台，供人们进香祭拜行礼之用。行礼亭左右为卷棚硬山式碑房，收集了历代告祭文残碑8通。

■ 炎帝陵前的石狮

第三进为主殿，殿前的龙陛为汉白玉卧龙浮雕，卧在炎帝陵前，似走非走，取藏龙卧虎、皇权至上至尊之威。陵殿门额高悬着一块写着"炎黄子孙、不忘始祖"的匾额。

陵殿是重檐歇山顶，面宽21.16米，进深16.94米，占地358.5平方米，殿高19.33米，由30根直径0.6米的花岗岩大柱按四排前廊式柱网排列支撑，上下檐为单翘昂头五彩斗拱，正脊檐角饰鳌鱼兽吻。

殿内天花饰以金龙和玺、龙草和玺、龙凤和玺及旋子式、苏式等彩绘，共绘彩龙9999条。陵殿之中有须弥座神龛，里面

■ 炎帝陵石刻

供着炎帝神农氏的金身祀像，祀像的两手分执谷穗、灵芝，身前是药篓，左右为木雕蟠龙边柱。

第四进为墓碑亭，采用四角攒尖式屋顶，檐角高翘，高7.1米，长宽各6.4米，亭内也有一块汉白玉墓碑，写着"炎帝神农氏之墓"。

第五进为墓冢，墓冢封土高5.58米，进深6.64米，宽28.9米，墓前石碑的字为清道光七年知县沈道宽所书的。

在墓碑亭两侧，有拱门道路可通往御碑园。园内古松参天，气象万千。

碑园的东西两侧是碑廊，全长84米，壁上镶嵌明清御祭文碑51通，自宋代以来的历史时期有代表性的记事碑5通，共56通。其中保存最久的御祭文碑是1371年，朱元璋登基时的告祭文碑。

御碑园的中心是九鼎台，台面外圆内方，圆台直径18米，方台9.999米。主台上有九尊花岗石方鼎，每尊1.2吨。九鼎是我国古代最高权力的象征，寄寓了祖

匾额 匾额是古建筑的必然组成部分，相当于古建筑的眼睛，把我国古老文化流传中的辞赋诗文、书法篆刻、建筑艺术融为一体，集字、印、雕、色的大成，以凝练的诗文、精湛的书法、深远的寓意、指点江山、评述人物，是我国独特的民俗文化精品。

■ 炎帝陵九鼎台

048
绝代王陵
气势恢宏的帝王陵园

国统一、民族昌盛之意。

在炎帝陵殿中轴线东侧的是神农大殿，面宽37米，进深24米，高19.6米，由大殿、东西配殿、连廊和两个四方亭组成，大殿外廊挺立着10根高浮雕蟠龙石柱，高5.4米，直径0.8米，蟠龙栩栩如生。

大殿中央座立着炎帝石雕祀像，一手拿谷穗，一手握耒耜，雕像高9.7米，座长8.9米，宽4.7米。雕像两旁立有一对联石柱，上面写着：

到此有怀崇始祖；

问谁无愧是龙人。

九龙戏珠 在我国古代传统观念中，九是非常尊贵的数字，龙也是最祥瑞的神兽，因此九龙意为龙生九子，是至高无上的福气。古人认为珍珠光辉灿烂，很像从东方升起的太阳，四大神兽中龙又代表着东方，因此龙戏珠也有崇拜太阳的意思。

神农大殿的左、右、后3面墙是大型广东红砂岩石雕壁画，画高5.2至7.9米，总长53米，总面积321平方米，壁画内容为歌颂炎帝十大功德。

大殿平台的踏步间，是一块高浮雕九龙戏珠御路石，长3.2米 宽2.8米，厚0.7米，由福建青石整石雕制，重约17吨。

神农大殿以南是祭祀广场。祭祀广场南端的两侧和大殿平台的边上，是双面雕刻百草图案的花岗岩栏板，主要是纪念炎帝遍尝百草、发明医药的雕刻。

二级平台正中，立有一只高浮雕九龙戏珠的石制圆形香炉，高0.98米，直径1.2米，为公祭敬香或焚帛书用；两边立有一对整石雕琢的福建青石香炉，高3.9米，直径1.5米，单重24吨，堪称中华之最。

祭祀大道的东边是圣火台，台高40米，台中央立有高3.9米，体积为31立方米的褐红色点火石，正面刻有1.5米高的朱红象形体"炎"字。

台面三层呈宝塔形，每层高0.6米，直径分别为9米、6米、3米的梯形圆台，底层铺设花岗岩石板，外护正方形花岗石栏板，边长100米，取天圆地方之义。

帛书 又名缯书，是我国古代写在以白色丝帛上的文书。帛书是我国战国时期独有的文书，帛书的内容大部分以古代楚文书写，还配有插画，讲究的是笔法圆润流畅，直有波折，曲有挑势，于粗细变化之中显其秀美。

■ 炎帝陵炎帝石像

■ 炎帝陵圣火台

在圣火台上可远眺炎帝陵殿、神农大殿的全貌，能够领略炎陵山恰似卧龙饮水之势。

陵区内还有龙珠桥，由三座拱桥组成，中间是主桥，宽6米，两边是边桥，宽3米，桥栏板雕刻的是古代乐器图案，分别有琴、筝、竽、笙、笛、箫、云板、编钟、月琴和琵琶。

还有一个朝觐广场，是个正八边形的广场，中轴距离48米，按"乾、坎、艮、震、巽、离、坤、兑"嵌入了"八卦"图案，是纪念炎帝发明了"重八卦为六十四卦"。

阅读链接

相传神农氏炎帝因误食断肠草而毒发身亡后，跟着他一起采药的胡真官，按照他生前交代的死后将其葬在南方的嘱托，决定将炎帝的遗体安葬在资兴汤市。

举行葬礼的那天有很多人来送葬，几十个运送遗体的人，坐十条木排，溯米水而上。沿河户户点火，表示哀悼。

当木排到了鹿原陂，人们正准备上岸改走旱路时，忽然天上乌云滚滚，河里跃出一条金龙向炎帝遗体点头哀吟。接着轰隆一声，江边的一块巨石开了坼，一个大浪将炎帝遗体卷进石头缝里去了。送葬的人个个吓得不知如何是好。

天上的玉皇听到这个消息后大怒，认为炎帝神农氏劳苦功高，不应该葬在水里，大骂金龙不知好歹，决定要处罚它。

于是把金龙化为石头，龙脑变成龙脑石，龙爪变为龙爪石，龙身变为白鹿原，龙鳞变为原上的大树，永远护卫炎陵。

炎帝文化在各地的遗存

陕西宝鸡为炎帝故里，这里是中华民族的发源地之一。远在5000年前的上古时期，以神农炎帝为首领的姜姓部落就生活在这里。后来人们为了祭祀炎帝，就在他的出生地修建了炎帝陵。

这里的炎帝陵位于宝鸡渭滨神农镇境内的常羊山之上，为炎黄子

■炎帝故里

绝代王陵

气势恢宏的帝王陵园

■ 炎帝祠正门

诗词 是我国以近体诗和格律词为代表的传统诗歌，诗起源于先秦，鼎盛于唐代，词起源于隋唐，流行于宋代。诗词蕴含了成熟的艺术技巧，严格的韵律要求，语言凝练、章法绵密、情感充沛。

孙寻根祭祖的主要的场所。按照"八世炎帝"的说法，第一世和第二世炎帝都生于此，葬于此，第八世炎帝葬于炎陵。只按照一世的说法，那么炎帝只存在于宝鸡。

宝鸡的炎帝庙大殿面阔5间，左厢房里展出有炎帝的生平及传说故事，右厢房的墙壁上悬挂有各界人士的题词。正殿面积400平方米，高12米，为清式庑殿。殿堂正中为炎帝座像，像高4.5米，目光炯炯，庄重慈祥。

殿内两侧墙壁上分别绘有关于炎帝的大型壁画，分别为常羊育炎、浴圣九龙、农业之神、太阳之神、医药之神、炎帝结盟等，讲述了炎帝的生平和功绩。

在殿堂南面，便是一条笔直的通往后山顶的小道，炎帝陵就在这后山顶上。小道沿山路蜿蜒而上，共有999级台阶。

这里的炎帝陵是个庞大的圆形陵墓，四周松柏成林，墓前通道两边为历代帝王塑像。炎帝陵的墓冢周围用青石砌筑，墓碑上刻有"炎帝陵"的字样。陵后为颂扬炎帝功德的诗词、楹联和绘画作品的碑林。

在山西的高平，也有一座炎帝陵，俗称"皇坟"。这座炎帝的陵墓，传说在轩辕氏黄帝时就已经有了。陵后有庙，谓之五谷庙。五谷庙的创建大概在宋代时。

据明朝嘉靖年间《续修炎帝后妃像增制暖宫记》碑记载：

<blockquote>
炎帝神农氏陵庙，历代相传，载在祀典，其形势嵯峨，林木深阻久矣，吾邑封内之胜迹。
</blockquote>

楹联 也叫对联或对子，其为对偶语句，对仗工整，平仄协调，是一字一音的中文语言独特的艺术形式。对联相传起于五代后蜀主孟昶，它是中华民族的文化瑰宝。

053

华夏始祖陵

炎帝陵

■ 炎帝祠大殿

在1475年的《重修炎帝行宫碑》记载：

神农炎帝行宫盘基在故关里村前，肇基太古，无文考验，祠在换马村东南，见存坟冢，木栏绕护，然祠与官相去凡七百余步矣。

据高平县志记载：

上古炎帝陵相传在县北四十里换马镇，帝尝五谷于此，后人思之乃作陵，陵后有庙，春秋供祀，现石桌尚在。

明朝皇帝朱元璋八世孙朱载堉在《羊头山新记》一文中写道：

山之东南曰故关村，村之东二里曰换马镇，镇东南一里许有古冢，垣址东西广六十步，南北袤百步，松柏茂密，相传为炎帝陵，有石栏石柱存焉，盖金元物也。

炎帝陵香炉

　　庙院内有一柏树，根周长6米。据此推断，五谷庙至少有上千年的历史。该庙坐北面南，建筑规模宏大，周有城墙，分为上下两院，在其中轴线上，分列为舞台、献台、山门、南道、正殿。原来庙院内碑石林立，约有四五十通碑。后仅存正殿5间，东西厢房十几间。

　　在东厢房的后墙上，有"炎帝陵"石碑一通，是1161年所立。"炎帝陵"石碑的后面有一个甬道可通墓穴，墓内有盏万年灯，常年不熄。

　　炎帝陵殿的正殿面阔5间，进深6椽，悬山式屋顶，琉璃脊饰，为元代所建，明代时曾进行过较大维修。屋顶正中脊刹上，正面刻有"炎帝神农殿"，背面刻有"大明嘉靖六年"的题记。

　　殿内神台高约1米，刻有龙、麒麟、鹿、花卉等浮雕图案，雕刻精美。殿内神台上原有暖阁，塑有炎帝及其夫人后妃像，后来塑像不在了。东西两边的山墙上绘有精美的壁画，壁画的内容是神农种五谷、制农具、尝百草等。

■ 炎帝陵风光

　　每年的农历四月初八，是炎帝陵、五谷庙的祭祖节，周围的村子会举行盛大的庙会，会期将近一个月。有句民谣"走扬州，下汉口，不如五谷庙里当社首"，就是形容当时庙会的盛况。在历朝历代，当地人每逢岁时都会致祭炎帝陵。

　　在河南的商丘，也有个炎帝朱襄氏陵，朱襄氏为上古帝王之一，就是指的炎帝。根据《辞源》的注解："朱襄氏炎帝之别号。"根据《柘城县志》记载："朱襄氏之陵在县城之东，久淤。"

　　相传，朱襄氏炎帝初在"朱"地施政时，这里经常刮怪风，大风起时天昏地暗，飞沙走石，天干地裂，草木枯黄，五谷不收。自然灾害危及人们，使人无法生息，甚至面临灭顶之灾。

　　朱襄氏炎帝忧心如焚，决定为民除害，降服恶魔，拯救万民。于是他令手下以柘丝、良桐为原料，制作了一把五弦瑟。

　　当黄风搅天、拔禾折树之时，朱襄氏炎帝便凭高端坐，拨动瑟弦，瑟声激越，声振高空，怪风渐息，顷刻间天空便彤云密布，下起大雨，百草萌发。从此风调雨顺，年年丰收，仓廪俱满。人们安居乐业，繁衍生息。

朱襄氏炎帝在朱邑主政很久，做了大量好事，深孚众望。《柘城县志》有记载：

　　　　殁后葬于城东15里，其墓如丘，称朱堌。

据说朱襄氏炎帝去世后，朱邑全境人人添土，墓大如丘，民心所寄。此墓虽多次遭洪水淹浸、冲刷，却依然如故。到了明成化年间，这里有了人家，就慢慢形成了一个小村落。

这个炎帝陵陵墓呈圆形，黏土结构，陵高10.9米，周长158米，直径50米。墓周边用青石叠砌，高1.5米，墓四周用青石砌成高50厘米的台阶，意为"天圆地方"。陵墓规模庞大、气势恢宏，陵前有"炎帝朱襄陵"碑刻一通，香池一个，碑楼4座。

有一年夏季，众街坊在树下乘凉时，发现一头猪在朱襄氏墓前拱

■炎帝陵

食，拱出了一块黑乎乎的东西，众人拾起细看，都为之惊讶。原来是一尊观音菩萨雕像。

此事传到官府，县官就在朱襄氏墓前修了一座寺院。大殿、山门各3间，东西厢房数间，规模颇大，香火鼎盛，始称观音寺。因庙在朱襄氏陵前，后称朱堌寺。

传说明惠帝朱允炆避难逃至仵家集的时候，经常到陵前的朱堌寺烧香祭祖，并在陵前亲植皂角树一棵，后来那棵树一直枝繁叶茂，亭亭如盖。

炎帝的文化遗存在全国还有很多，总之，炎帝是中华民族的始祖之一、是中华大帝之一，是农业之神，医药之神、他的陵墓无论在哪里，都永远值得人们祭祀，都是我们炎黄子孙寻根问祖、谒陵扫墓的神圣之地。

绝代王陵

气势恢宏的帝王陵园

阅读链接

据说有一天，神农的女儿花蕊病了，浑身难受，神农就连忙让女儿吃下一把药草。没想到，花蕊吃完药之后居然生出一只浑身翠绿的小鸟来。

这只小鸟欢蹦乱跳，还会说话，一直叫着神农的名字，飞到他的肩上不肯离去。

神农渐渐发现，这只鸟善于辨识药材，就带着这只鸟走深山，钻老林，采集各种草药、树皮、种子果实喂给它吃，渐渐地，神农弄清了不同的药草之间的组合效果。

后来，小鸟死了，神农氏十分难过，为了纪念它，就用木头雕刻成小鸟的样子带在身上，走到哪就带到哪，从不离身。

大禹陵在浙江绍兴东南山清水秀的会稽山麓，是4000多年前古代治水英雄大禹的葬地，是一处合陵、祠、庙于一体的古建筑群，高低错落，各抱形势。

大禹陵坐东朝西。前为禹池，面对亭山。附近有禹庙，在禹陵的东北面，坐北朝南，是一处宫殿式建筑。

禹祠位于禹陵左侧，为二进三开间平屋，祠前一泓清池，悠然如镜，为"放生池"。史籍记载，夏启和少康都曾建立禹庙，千百年来，人们崇敬大禹治水精神，缅怀其功德，祭祀经久不断。

大禹陵

治理洪水的传奇英雄

■夏禹王像轴

远古时期，天地茫茫，宇宙洪荒，人们饱受海浸水淹之苦。当时的帝王尧开始起用鲧治理洪水。

鲧带领人们筑坝修堰，费了9年功夫，也没把大水治伏，因而受到流放羽山，也就是后来的山东蓬莱的处罚。也有典籍记述鲧被诛杀于羽山。

舜继承尧的帝位后，洪水仍然是天下大患，舜就命令鲧的儿子，同时也是当时已成为夏部族首领的禹继续治理洪水。

禹，名文命，字高密，号禹，禹是夏后氏首领，传说他是帝颛顼的曾孙，黄帝轩辕氏第六代玄孙。他的父亲是鲧，母亲是有莘氏女修己。

■ 大禹陵壁画

　　禹接受任务以后，率领伯益、后稷等一批忠实的随从，跋山涉水，顶风冒雨到洪灾严重地区进行勘察，从冀州开始，踏遍大地进行实地考察，了解各地山川地貌，摸清洪水流向和走势，制定统一的治水规划，在此基础上才开始治水。

　　禹视察河道，发现自己的父亲鲧治水无功的原因，主要是因为没有根据水流规律而因势利导，而只是采用了筑堤截堵的办法治水，这种办法的缺点是，一旦洪水冲垮堤坝，便会前功尽弃。

　　因此，禹决定改革治水方法，变堵截为引流，大胆改用疏导和堰塞相结合的新办法。按我国最早的国别体著作《国语·周语》所说，就是顺天地自然，高的培土，低的疏浚，成沟河，除壅塞，开山凿渠，疏通水道。

　　禹亲自翻山越岭，淌河过川，拿着工具，从西向

伯益 也叫伯翳、柏翳、柏益、伯鹥或大费，是我国民间祭祀的"社神"。传说伯益4岁就成为禹的老师，后又被尧选作大禹治水的第一副手，根据治水所见所闻写成奇书《山海经》，因治水有功，被舜授予一面奖旗。

绝代王陵

气势恢宏的帝王陵园

■ 绍兴大禹陵壁画

共工 我国古代神话中掌控洪水的水神，与驩兜、三苗、鲧同为四大凶神，性格冲动暴躁，是个胆壮气粗却脾气耿直的神灵。传说共工曾撞断了用来给天地之间支柱的不周山，震得天空的日月星辰都变了位置，大地上的河流都改了走向。

东，一路测度地形高低，树立标杆，规划水道。他带领治水的人们走遍各地，根据标杆，逢山开山，遇洼筑堤，以疏通水道，引洪水入海。

经过13年的努力，禹开辟了无数的山，疏浚了无数的河，修筑了无数的堤坝，使天下的河川都流向大海，治水成功，根治了水患。

有传说认为，当年的水灾都是因为天上的水神共工造成的。共工是个坏水神，性情凶狠，处事蛮横，专与华夏之民作对。他经常在心血来潮时，施展神力，呼风唤雨，用洪水伤害天下的人们，把人间弄得一片汪洋。

禹找到共工，劝说他不要再呼风唤雨和发洪水坑害人们。但是共工根本不听禹的好言相劝，还反驳说："我发我的水，和你有什么关系？"

禹只好水里来，水里去，顶风冒雨，察看地形，寻找黄河向东的出路。

共工一看禹一心要治住洪水，疏导黄河，顿时火冒三丈，几乎将自己的全部神力都使了出来，于是，中原一带的洪水四处漫溢，到处横流，洪水更大了。

禹东奔西跑，费尽了力气，地上的水却越聚越多，黄河水也是四处乱窜。因为共工捣乱，黄河没法疏导了。禹忍无可忍，决心带领人们驱逐共工。

禹把随他治水的应龙、黄龙、白龙、苍龙都叫来，并鼓励人们一起出战。由于共工四处作恶，早就声名狼藉，大家一听说禹要赶走共工，纷纷前来参战。禹带着大家在水中拦住共工，双方厮杀起来，整整大战了一个月。

禹带着人们轮流上阵，共工渐渐疲惫不堪，败下阵来，仓皇而逃。但大禹穷追不舍。共工眼看自己在劫难逃，便向禹下跪，发誓永远不再侵犯华夏，再也

应龙 我国古代传说中有翅膀的千年龙，是龙中之贵。帮助禹清水脉，开江河，是治水功臣之一。相传应龙能聚集天地间的水气，它在哪里休息，哪里就下起滂沱大雨。应龙是黄帝和禹两代的功臣，具备呼风唤雨等伟力并有较高地位。

063

夏朝天子陵

大禹陵

■ 绍兴大禹陵壁画

不发水行恶了。禹心一软，放走了共工。

禹率领大家赶走共工后，一鼓作气，把洪水排完，又马不停蹄地把黄河疏导到东海，并用太行山的石头在黄河两边筑起又高又厚、十分坚固的堤岸。这样一来才治埋好了水灾。后来，春秋时期的著名思想家孔子，曾颂扬禹治水的功德说：

> 我简直找不到他的一点缺点，他的官室简陋却没有想到改善，而是尽全力平治水土，开凿沟洫，发展农耕，鼓励人们从事劳动。

禹治水成功，除了方法正确，另一重要原因就是他一心为公，有吃苦耐劳、身先士卒、不畏艰险、锲而不舍的精神。

后来战国末期思想家韩非所著《韩非子·五蠹》记述禹"手执耒锤，以民为先"。说他手拿治水工具，亲自参加劳动，给参加治水的人做出了好样子。

由于禹常年奔波在外，人消瘦了，皮肤晒黑了，手上长满了老茧，脚底布满了血泡，腿上的毛磨光了，连束发的簪子和帽子掉了也顾不上收拾。

人们见了纷纷心痛流泪。因此，后来嵩山一带还流传着许多

韩非 被尊称为"韩子"或"韩非子"，我国古代著名的哲学家、思想家，政论家和散文家，法家思想的集大成者，我国古代著名法家思想的代表人物。韩非子提出的"法不阿贵"的思想，对我国法制思想做出了重大贡献。

064

绝代王陵

气势恢宏的帝王陵园

■ 大禹三过家门而不入故事壁画

■ 绍兴大禹陵壁画

禹治水的动人故事。

传说禹为了完成治水重任，与涂山氏女娇新婚不久，他就离开了妻子，重又踏上了治水的道路。后来，他第一次经过家门时，听到他的妻子因分娩而呻吟，随后还有婴儿的"哇哇"哭声。人们劝他进去看看，他怕耽误治水，没有进去。

第二次经过家门时，禹的妻子正抱着他的儿子启教儿子朝爸爸挥手，让儿子叫禹为爸爸。此时正是治水忙碌的时候，禹虽然看到了妻儿，他也只是挥手打了下招呼，就继续忙着去治水了。

禹第三次经过家门时，他的儿子已经长到10多岁了，跑过来使劲把禹往家里拉。禹深情地抚摸着儿子的头，告诉儿子，水灾尚未治理好，没空回家，就又匆匆离开了，还是没进家门。

禹在外13年，没回过一次家。禹三过家门而不

孔子（前551—前479年），姓孔名丘，字仲尼。生于东周时期鲁国陬邑，即今山东省曲阜市南辛镇。春秋末期的思想家和教育家，儒家思想的创始人。孔子集华夏上古文化之大成，是当时社会上的最博学者之一，被后世统治者尊为孔圣人、至圣先师、万世师表。孔子的儒家思想对我国和世界产生了深远影响。

■ 大禹陵风景区

人，正是他劳心劳力治水的最好证明。

关于禹的神话故事还有很多。嵩山还有个传说，说禹治水时，要在介于太室山和少室山之间的轩辕山打出一条疏洪泄流的通道，他顾不得回家，便与妻子涂山氏女娇约定，以击鼓为号，把饭送到山上。

由于轩辕山山坚石硬，禹想用神力开山，他就摇身变成了一头大熊，运用功力，一会就掀掉了半座山。当他正干得起劲时，一块崩裂的石头砸到了皮鼓，禹的妻子听到了鼓声，误以为是禹发出的信号，便连忙烧火做饭。

当女娇拖着怀孕的笨重身体到山上送饭时，她东张西望却不见禹的踪影，只看到了一头威猛的大黑熊在奋力挖山，把她吓得扭头就跑。

禹回头见是妻子，就跑上前去迎接妻子，却又忘了还原成人形。女娇见大熊向自己跑来，一急之下，顷刻间化作了一块巨石。

禹见妻子变成了大石头，才猛然想起自己还没有变回原形，他伤心地抱着石头大哭，眼泪流到石头上，浸透了石头，石头裂开了，里面传出来孩子的哭声，禹的儿子诞生了。

禹为了纪念妻子，就给他的儿子起名叫"启"，

熊 熊在我国古代传说中具有十分特殊的地位，古人认为熊是存有善心又拥有神力的动物，我国古代的许多贤士传说都是由熊变化成人形而来。古人也往往以熊的避让顺从作为伟大的领袖出现的标志。

也就是"石头裂开"的意思。于是，后人便称这块裂开的巨石为"启母石"。

西汉武帝游览嵩山时，也被这个传说所感动，就下令在嵩山修建了启母庙。虽然后来启母庙荡然无存了，可是，东汉时在庙前修建的启母阙还依然保留着。从残存的碑文中依稀可见汉代对禹治水的记述和对启母涂山氏助夫治水的颂扬。

由于禹治水成功，当时的帝王舜在隆重的祭祀仪式上，将一块黑色的玉圭赐给了禹，以表彰他的功绩。不久，又封禹为伯，把夏作为禹的封国。禹在天下的威望达到了顶点。

人们都称颂他说："如果没有禹，我们早就变成鱼和鳖了。"

帝王舜称赞禹说：

　　禹啊禹！你是我的胳膊、大腿、耳朵和

玉圭 也叫"珪"，长条形，上尖下方，我国古代的一种玉器，是古代帝王或诸侯朝聘、祭祀、丧葬时所用的玉制礼器，也是古代天子颁给诸侯作为凭信的信物。有大圭、镇圭、桓圭、信圭、躬圭、谷璧、蒲璧、四圭、裸圭的区别。

■ 大禹陵享殿

眼睛。我想为民造福，你辅佐我；我想观天象、知日月星辰、作文绣服饰，你谏明我；我想听六律五声八音来治乱，宣扬五德，你帮助我。

你从来不当面阿谀背后诽谤我，你以自己的真诚、德行和榜样，使朝中清正无邪。你发扬了我的圣德，功劳太大了啊！

舜在位33年时，正式将禹推荐给了上天，把天子位禅让给了禹。17后，舜在南巡中逝世。3年治丧结束后，禹避居夏地的一个小城，将帝位让给了舜的儿子商均。

当时，天下诸侯都离开商均去朝见禹。于是，在诸侯拥戴下，禹正式继承了天子位，以安邑作都城，也就是后来的山西夏县，并定国号为夏，改定历法称为夏历，以建寅之月为正月。

正月 又称孟春、端月、新月或开岁，是我国农历一年中的第一个月，也是新年的开始。正月在我国的文化中，是一年之中最值得庆贺、最吉利、最热闹，也是神灵显现最多的一个月份，据说正月时福神最多，正月出生的人都是天生富贵之人，能逢凶化吉，事事顺心。

■ 大禹陵午门

当了天子的禹更加勤奋地为人们谋利，他诚恳地招揽士人，广泛地听取人们意见。有一次，他出门看见一个罪人，竟下车问候并哭了起来。

随从问禹："罪人干了坏事，您为何可怜他？"

禹说："尧舜的时候，人们都和尧舜同心同德。现在我当天子，人心却各不相同，我怎能不痛心？"

仪狄造了些酒，当了帝王的禹喝了以后，感到味道很醇美，就给仪狄下命令，要他停止造酒。他说："后代一定会有因为饮酒而亡国的。"

■ 大禹陵大禹像

禹想把大地上的情况都了解清楚，就命令两个神将丈量大地。禹把自己治理下的国土分成9个州，就是冀、兖、青、徐、扬、荆、豫、梁、雍。他还调查了九州民间的疾苦和需求等。

后来，禹收集九州的铜，在荆紫山脚下，用自己出生地郁山的煤炭将这些铜铸成9个巨大的宝鼎。每个宝鼎需要90000人才能拉动，同时运走9个宝鼎需要九九八十一万人。

禹把九州和各种毒蛇猛兽、魔鬼精怪的形象，都刻在鼎上，据说这些鼎后来就在洛阳化成九龙飞天而去了。

禹在位第十年南巡过江时，一条黄龙游来，拱起大船，船上的人很害怕。禹仰天叹息道："我受命于

仪狄 是夏禹时代司掌造酒的女官员，也是黄酒的创始人，我国最早的酿酒人和监督酿酒的官员。相传是她总结了前人的经验，完善了酿造的方法，酿出了质地优良的酒醪和比原始社会时代的酒更加甘美浓烈的酒。

天，活着靠上天的佐助，死了要回到天上去。你们何必为这一条龙而感到担忧呢？"

黄龙听到禹这一席话，摇摇尾巴，低下头就不见了。禹到涂山，在那里大会天下诸侯，献上玉帛前来朝见的诸侯竟达万名之众。

禹在帝位15年后逝世，庙号圣祖。大禹是后世人们对他的尊称，也就是"伟大的禹"的意思。

大禹是夏朝的第一位天子，因此后人也称他为夏禹。他是我国传说时代与尧、舜齐名的圣贤帝王，他最卓著的功绩，就是历来被传颂的治理滔天洪水，又划定我国国土为九州。

禹去世后被安葬在浙江绍兴的会稽山上，后来遗存了禹庙、禹陵、禹祠。从秦始皇开始，历代帝王都要去禹陵祭祀他。

阅读链接

传说黄河水神河伯常常查水情、画河图，当禹治水时，他决定把黄河河图传给禹。

一天，河伯听说禹将到黄河边，他就带着河图从水底出来寻找禹。由于他和禹从没见过面，他将后羿认成了禹。

河伯高声问后羿："我是河伯，你是大禹吗？"

后羿一听是黄河水神河伯，想到许多人性命被水灾夺走了，顿时怒冲心头，就拔箭射中了河伯左眼。

河伯非常生气，想撕水情图。正在这时，传来一声大喊："河伯，不要撕图！"

河伯忍痛一看，对岸一个头戴斗笠的人，拦住了后羿。这人才是禹，他向后羿讲明了情况。禹对河伯说："我是禹，特来找你求教治理黄河的办法哩！"

河伯说："治河办法都在这张图上，给你吧！"

禹展开图一看，图上水情画得一清二楚。他得了水情图，日夜不停，根据图上指点，终于治住了黄河。

会稽山麓的英雄葬地

禹陵坐东朝西，由禹陵、禹祠、禹王庙三大建筑群组成。禹陵入口处有一块青石牌坊，高12米、宽14米，高大古朴。牌坊顶为双凤朝阳，庄重典雅，雕刻精美，柱端为古越人崇拜的神鸟鸠。

在牌坊前，有一横卧的青铜柱子，名龙杠。龙杠上有"宿禹之域，礼禹之区"的铭文。龙杠两侧各有一柱，名拴马桩。

凡进入陵区拜谒者，上

■ 会稽山大禹陵

绝代王陵

气势恢宏的帝王陵园

■ 大禹陵石牌坊

三足鳖 三足鳖是我国最古老的记载神话传说的奇书山海经中所记载的妖怪，传说如果人吃了三足鳖，身体就会融化并死亡，也有传说认为三足鳖是禹死去的父亲鲧变成的。

楷书 也叫正楷、真书，我国的传统字体之一，分为小楷和大楷，楷书是由隶书演变来的，比隶书更趋简化，字形方正，笔画中简省了波势，横平竖直。也是我国最为流行的一种书体。

至皇帝，下至百姓，须在此下马、下轿，步行入内，以示对大禹的尊崇。

龙杠后是一条长100余米的神道，神道两旁安放着由整块石头雕塑的熊、野猪、三足鳖、九尾狐、应龙等。相传这些神兽都是帮助过大禹治水的神奇动物或大禹自己所变。

从神道经过禹陵广场，跨过禹贡大桥，在甬道前古朴的棂星门下，就能望见大禹陵碑亭。高大肃穆的大禹陵碑，"大禹陵"3字是1540年绍兴知府南大吉楷书并勒石，字体豪放而雄浑，有顶天立地的气概。

石碑漆了朱红色，耀眼夺目。碑前的两棵百年盘槐，夏天碧绿葱茏，冬则虬枝如铁。碑后就是禹王山，相传大禹就被葬在这里。

大禹陵碑的右侧，是咸若亭、碑廊和菲饮泉亭。咸若亭为1164年所建的一石结构亭，六角、攒尖、三层、镂空雕饰，极具特色。

"咸若"一词，来源于我国最古老的历史文献《尚书·皋陶谟》中。据记载，大禹与司法官皋陶讨论如何实行德政、治理国家时，大禹说：

> 吁！咸若时，惟帝其难之。

意思就是，万物若能顺其自身的规律，就能得到它的好处。

咸若亭上面刻有"好生遗化"4个字。建此亭，不仅是颂扬大禹的教化之德，更表达了人们对他的美好期望。

碑廊陈列着部分祭禹碑，主要有秦始皇祭禹陵所留《会稽刻石》等。

菲饮泉的泉水四季不涸，清凉甘洌，人们饮水思源，禹功大德盛，便用大圣人孔子评价禹的话"菲饮食而致孝乎鬼神"而命名此泉为"菲饮"，用来纪念、缅怀大禹。

位于禹陵左侧的是禹祠，共两进院落，中间以天井相隔。第一进内陈列着《大禹治水》、《稽功封赏》砖雕；第二进内有大禹塑像，还陈列着大禹

皋陶 也叫皋繇或咎陶，我国古代传说中的人物。传说他是东夷部落的首领，也是舜帝和夏朝初期的一位贤臣，曾经被舜任命为掌管刑法的"理官"，以正直闻名天下，被奉为我国司法鼻祖，也是上古时期我国第一任主管司法的官吏。

■ 大禹陵咸若亭

华夏 是古代汉
族的自称，即华
夏族。原指我国
中原地区，后包
举我国全部领土
而言，遂又为中
国的古称。"华
夏"一词由周王
朝创造。最初指
代周王朝。华夏
文明亦称中华文
明，是世界上最
古老的文明之
一，也是世界上
持续时间最长的
文明之一。

在绍兴的遗迹图片和《姒氏世谱》及记载历代祭禹情况的《祀禹录》等。

廊下壁间嵌有清代毛奇龄《禹穴辩》和昝尉林所书"禹穴"碑。在禹祠的左侧有一井，名为"禹井"，相传是禹开凿的。这里还有个亭子名叫"禹井亭"，其楹联是后人补书，联道：

德泽被万方，轨范昭百代。

意为华夏人们都得到了大禹的恩惠，他为民忘私，不屈不挠的美好品德是人们的楷模，光照后世。

禹庙是大禹陵区的主要建筑之一，位于禹陵的右侧，始建于545年，是禹的儿子启始创的，它同时也是我国历史上最悠久的祭祀、供奉民族英雄大禹的庙宇。

禹庙的整个庙宇顺山势而逐步升高，高低错落有致，雄伟壮观。密集的斗拱，梁上的绘画，质朴而巧

■ 大禹陵公园

■ 绍兴大禹陵"岣嵝碑"

夺天工。庙内自南向北依次分布有辕门、照壁、岣嵝碑亭、棂星门、午门、拜厅、大殿等建筑。

照壁前为岣嵝碑亭，亭子是清代咸丰年间所建。亭中有一碑，人称"岣嵝碑"。因最早立于湖南衡山岣嵝峰而得名。

岣嵝碑是明代翻刻的，文字奇古，记述了大禹治水的经过和功绩，又名"禹王碑"。禹王碑是在1541年冬天，绍兴知府张明道据湖南岳麓书院拓本摹勒；碑文凡77字，有明代大学者杨慎的释文。

岣嵝碑亭前是午门，包括宰牲房和斋宿房。午门有3门，中门常闭，据说只有举行祭禹典礼和皇帝祭禹时才能打开，而且只有帝王才可以跨越中门。

穿过午门，走过一段石板路，登上百步禁阶即到拜厅。拜厅，也称祭厅，是祭祀的地方。而百步禁阶是一个类似于台阶的东西，其实它并没有100步，只

斗拱 也叫枓拱，由斗、拱、翘、昂、升组成，是我国古代建筑特有的结构之一。从柱顶探出的弓形肘木叫拱，拱与拱之间的方形垫木叫斗，两者合称斗拱。斗拱可使屋檐较大程度地外伸，形式优美，是我国传统建筑造型的一个主要特征。

有39步。这39步的台阶，是因为过去人们拜见帝王，都要行三拜九叩的大礼，所以含有"三拜九叩"的意思。

百步禁阶前有一鼎，铭曰：缵禹之绪。意为继承大禹事业。拜厅和大殿之间还有乾隆皇帝在此祭禹后留下的诗碑，又称"御书碑"。

大殿是整个禹庙建筑群的最高建筑物。禹庙的大殿的层脊，有后来的康熙皇帝所题的"地平天成"4个字，意思是大禹治平大地水患，造福人间。

殿内大禹塑像高6米，头戴冕旒，手执玉圭，身披朱雀双龙华衮，雍容大度，令人望而起敬。殿内还陈列了鼓、磬等祭祀禹的礼器。

禹庙的大殿侧有窆石亭，因有窆石而得名。传说窆石是大禹下葬时的工具，是在大禹下葬时，从北川飞来的。窆石上，有自东汉以来的许多文人学者留下的题刻。

在窆石亭的旁边，有禹穴、石纽碑，都是在清光绪年间，根据大禹的出生地四川北川那里的禹穴、石纽拓片勒石而成的。

大禹陵是重要的历史遗迹，具有丰富而深刻的历史、人文和艺术价值，特别是蕴含的大禹治水精神，非常值得弘扬和发展。

阅读链接

相传，大禹治水时，有一条河道被万安山挡住，河水乱流，使居住在附近的人们叫苦连天。于是，大禹就带领大家一起挖万安山，但奇怪的是，这座山白天挖一尺，晚上就长一丈，怎么也挖不通。

大禹奇怪了，就去问万安山的土地神。土地神告诉他说："这座万安山下埋着一条恶龙的尾巴，要是想挖山，得有二郎神的神斧才行。"

大禹听后，就向二郎神借来了神斧，运足气力劈向了万安山。万安山被使用神斧的大禹劈开后，河道疏通了，原本连在一起的山峦也裂开了，形成了后来的嵩山和伏牛山。

汉阳陵

汉景帝刘启是汉文帝刘恒的长子，是西汉的第六位皇帝。在位16年，他在执政期间平定七国之乱，勤俭治国，发展生产，是位贤明的皇帝。驾崩后，谥号孝景皇帝，葬于汉阳陵。

汉阳陵，又称阳陵，是汉景帝刘启及其皇后王氏同茔异穴的合葬陵园，占地面积20平方千米，位于陕西咸阳的咸阳原上，始建于公元前153年，至公元前126年竣工。

整个陵园以帝陵为中心，四角拱卫，南北对称，东西相连，布局规整，结构严谨，显示了至高无上的皇家规格。

贤明的汉景帝刘启

公元前188年，刘启出生在山西平遥。他是汉文帝刘恒的长子，母亲是汉文帝的皇后窦氏。在公元前179年，刘启被立为皇太子。

有一天，吴王刘濞的儿子与刘启下围棋，因为下棋时两人出现争执，吴王的儿子对身为皇太子的刘启出言不逊，刘启就拿棋盘砸他，结果把吴王的儿子打死了。这使刘濞大为恼火。

汉景帝刘启画像

当汉文帝派人将尸体运回吴国时，吴王刘濞十分愤怒，从此称病不上早朝。汉文帝体谅他的心情，就准许他不用朝请。但吴王刘濞不但没有和好的意思，反而更加骄横。

公元前157年时，汉文

■ 汉阳陵刘启陵园

帝驾崩，刘启即皇帝位，为汉景帝。在刘启即位后，吴王刘濞的势力也慢慢壮大起来。这时，御史大夫晁错认为各地的诸侯王势力太过雄厚，可能会对江山构成威胁，就向刘启建议，削夺各位诸侯王的封地，把封地都收回朝廷手中。晁错呈给景帝名为《削藩策》的计谋，力主"削藩"，文章里说：

> 今削之亦反，不削亦反。削之，其反亟，祸小。不削，
> 其反迟，祸大。

刘启采纳了晁错的"削藩"建议，在公元前154年时，他以各种名义先后削去了楚王戊的东海郡、赵王遂的常山郡和胶西王的6个封地。

当削地的诏书送至吴国时，早已对刘启心怀不满的吴王刘濞凭借他的实力，立即以越城为据点，联合起其他不满被削减封地的6个诸侯王，打着"诛晁错、清君侧"的旗号起兵反叛了。

刘濞发兵20万，号称50万，为主力。同时又派人与匈奴、东越、闽越贵族勾结，举兵西向。叛军打到河南时，被刘启的弟弟梁孝王刘武拦住了，但刘武兵力不足，难以抵挡叛军的攻击。

■ 汉阳陵复原建筑

刘启善于用人，派太尉周亚夫与大将军窦婴率36名将军，以奇兵断绝叛军的粮道，仅仅3个月的时间，军队就大破叛军。刘濞逃到东瓯，为东瓯王所杀。其余六王皆畏罪自杀，反叛的七国最终都被废除。

刘启又借机削落诸侯国领土和把诸侯任免官吏的权利收回，自此，诸侯名义上是封君，但已失去政权了。七国之乱在短短3个月之内就分出了胜负，都是因为百姓们拥护刘启、臣子们信任刘启，而且刘启本人爱惜人才良将，知人善任。

刘启作为皇帝，却不迷恋奇珍异宝，而是非常重视农业的发展。他执行重农抑商的国策，还说：

> 农，天下之本也。黄金珠玉，饥不可食，寒不可衣，以为币用，不识其始终。

刘启多次下令郡国官员要以劝勉农桑为首要政

周亚夫 西汉时期的著名将军、军事家，也是西汉开国功臣绛侯周勃的儿子。周亚夫领导的军队军纪严明，他为了执行军令，连汉文帝的随从也一视同仁地对待，得到了汉文帝的称赞和喜爱，认为他是个公正严明的将领。

务，还允许居住在土壤贫瘠地方的农民迁徙到土地肥沃、水源丰富的地方从事垦殖，并"租长陵田"给无地少地的农民。同时，刘启还多次颁诏打击那些擅用民力的官吏，从而保证了正常的农业生产。

刘启是个非常重视教育的皇帝。在社会经济的恢复及发展已达到相当的程度时，刘启逐渐重视文教事业的发展。他任命文翁为蜀郡太守，首创了郡国官学，对文化的传播起了重要作用。

刘启一面弘扬文教礼仪，一面又打击豪强。为了保证上令下达，他果断地采取了两项重要措施：

一是把部分豪强迁至阳陵邑，使他们宗族亲党相互分离，削弱他们的势力。

二是任命执法严厉的宁成做中尉，严厉镇压那些横行郡国、作奸犯科的人。

使那些不遵守法规的豪强和官僚们个个惶恐不已，大大收敛了自己的行为，保证了国家的治安和发展。对于敢大胆进谏的程不识，景帝让他做太中大夫，负责评议朝政。

在刘启多重政策治理下的汉朝，人口翻番，国内殷富，府库充实。据说在刘启的统治后期，因为国库里的钱太多，连串钱的绳子都磨烂了。国内所有的粮仓也都是满的，放不下的粮食只能

太守 又称"郡守"，是我国古代州郡的最高行政长官，负责管理州郡之内的所有官吏、为皇上推荐贤能的人才、决断案件和检举贪污受贿的官吏。

官学 我国古代时期朝廷直接举办和管辖，以及历代官府按照行政区划在地方所办的学校系统。包括中央官学和地方官学，教育内容以儒家经籍为主，以四书五经为主要教材。

081

■汉代人物壁画

露天放置，多得甚至都霉腐了。

在对抗外敌方面，刘启也十分理智。当时，强大的外敌匈奴骑兵南下进击汉地，烧杀抢掠，严重威胁着刘启的王朝。但是对当时的汉朝来说，出兵反击彻底清除外敌的条件仍不成熟。在这种情况下，刘启冷静地选择有战有和的策略。

他坚持和亲政策，缓和了两国的军事冲突，为经济发展赢得了时间，也为后来反击匈奴做了充足的准备。但刘启并不是对外敌一味妥协，他再一次展现出了知人善任的帝王风采，多次派出李广、程不识和郅都等一批卓越的将领在反击战中进行了必要的抵御。

公元前141年正月，刘启患病，病势越来越重，他就在病中为太子刘彻主持加冠，临终前，刘启教导太子刘彻不但要知人、知己，还要知机、知止。为太子加冠后不久，刘启病死在长安的未央宫，享年48岁，葬于阳陵，谥号"孝景"皇帝，史称汉景帝。

汉景帝刘启是位性格坚强、善于充分谋划又有责任心的明君。他勤俭治国，发展生产，与汉文帝的统治时期有"文景之治"的美誉。

阅读链接

刘启是个有原则、不计旧仇，而且宽厚仁慈的人。他做事有自己的标准，该爱护的爱护，该惩罚的惩罚，做得很公正。

有一次，刘启在宫宴上喝酒后戏言说，将来要把皇位传给弟弟梁王刘武，此话一出，立即遭到了耿直的窦婴的反对。其实窦婴不知道，刘启心里明白母亲窦太后喜爱梁王，因此只是说着哄母亲开心而已。

但是刘武开始居功自傲起来，在自己的王国建造豪华的宫殿，出行时也用皇帝才用的旗子，把刘启曾经说过让他即位的话当真了。但刘启没有计较刘武的作为，在刘武病逝后，他将弟弟的5个儿子分别封了王。

布局规整的合葬陵

汉阳陵又称阳陵，地跨咸阳、泾阳、高陵三个县区。汉阳陵始建于公元前153年，一直到公元前126年竣工，修建时间长达28年。

汉阳陵陵园东西长近6千米，南北宽1千米至3千米，由帝陵，后陵，南、北区从葬坑，刑徒墓地，陵庙等礼制建筑，陪葬墓园及阳陵邑等部分组成。其中，帝陵坐西面东，居于陵园的中部偏西；后陵、南区从葬坑、北区从葬坑等都分布在帝陵的四角；嫔妃陪葬墓区和罗经石遗址位于帝陵南北两侧，左右对称。

刑徒墓地及三处建筑遗址在帝陵西侧，南北一字排列；陪葬墓园棋盘状分布于帝陵东侧的司马道两侧；阳陵邑则设置在陵园的东端。

陕西汉阳陵陶俑

整个陵园为正方形，以帝陵为中心，四角拱卫，南北对称，东西相连，四边中央各有一门，都距帝陵封土110米。布局规整，结构严谨，极具威严神圣的皇家规格。

帝陵的封土高约31米，陵底边长160米，顶部东西54米，南北55米。在汉景帝阳陵帝陵封土南面现存有5通石碑。其中有后来明代时皇帝派遣大臣祭祀汉景帝后所立的两通御制祝文碑。1776年，清代时陕西巡抚毕沅所立的一通汉阳陵正名碑，剩下的两通是保护标志碑。

明代时的两通祝文碑为嘉靖祝文碑和天启祝文碑，分别立于1522年和1621年。嘉靖祝文碑是青石制作的，圆形的顶端，方形的底座，通高132.5厘米，碑首宽66.5厘米，碑身宽64厘米，厚23厘米。

嘉靖祝文碑的碑首篆额了"御制祝文"4个字，呈正方形排列。字的周围刻有双龙捧日的图样及云纹，碑面四边用祥云纹饰装饰着。碑文是用楷体阴刻上去的，上面写着：

汉阳陵陶俑

维嘉靖元年岁次壬午五月丙午朔初八癸丑，皇帝遣隆平侯张玮致祭于汉景皇帝曰：惟帝克守先业，致治保民，兹于嗣统，景慕良深，谨用祭告。尚飨。

天启祝文碑也是用青石制的，圆形顶端，底座是椭圆形。天启祝文碑

■汉代陶马

通高195厘米，宽75厘米，厚18.5厘米。碑首同样篆额着"御制祝文"4字，字周围是云龙的纹样，碑面的四边也是祥云纹饰。碑文写着：

　　　　维天启元年岁次辛酉七月丙申朔初七日，皇帝谨遣锦衣卫加正一品俸都指挥使侯昌国致祭于汉景皇帝曰：惟帝克守先业，致治保民，兹于嗣统，景慕良深，谨用祭告。尚飨。

在帝陵的东南方，地形隆起，外貌呈缓坡状，平面近方形，边长约260米，外围有壕沟环绕。这一块遗址中心部分的最高处放置着一块方形巨石，叫做"罗经石"，按正南北方向放置。

罗经石是在修建汉阳陵时，用来标定水平、测量高度和标示方位的，是发现最早的测量标石。这处遗址地势高亢，布局规整，规模宏大，是汉阳陵陵园中最重要的礼制性建筑之一。

汉阳陵出土的汉俑十分精巧。他们只有真人的三分之一大小，约0.6米高，赤身裸体且没有双臂。

■汉阳陵出土文物

这些陶俑在刚刚
完工时都身着各色美
丽的服饰，木制的胳
膊可以灵活转动，但
经过千年之后，衣服
与木胳膊都已腐朽，
因此只剩下了裸露而
残缺的身躯。兵马俑
中有一部分是女子，
大多面目清秀，身材匀称，但也有一些颧骨突起，面貌奇异，可能是
当时的异民族兵员。

绝代王陵
气势恢宏的帝王陵园

　　比起秦始皇兵马俑的肃穆与刚烈，汉阳陵的汉俑显得平和而从
容，正反映了"文景之治"中安详的社会氛围。

　　汉阳陵磅礴大气，集历史文化与古代艺术为一体，还有数量众多
的陪葬墓园，围沟完整，布局规整，排列有序，是一座经过精心设计
和安排的帝王陵墓。

阅读链接

　　门阙是我国古代宫殿、官府、祠庙、陵墓前由双阙组成的
出入口。

　　汉阳陵陵园的南门阙是目前发掘的时代最早，等级最高，
规模最大，保存最好的三出阙遗址，它的发掘对于门阙的起
源、发展，门阙制度的形成、影响，以及我国古代建筑史的研
究等有着重要作用。

　　此外，南阙门遗址还出土有目前发现最早的砖质围棋盘、
陶质脊兽和最大的板瓦等。汉景帝陵园的西北部还有块修陵人
的墓地。

唐高宗乾陵

乾陵修建于684年，因为它处于古代都城的西北方向，即八卦中的乾位，所以叫作"乾陵"。

乾陵位于陕西咸阳境内的梁山上，气势雄伟壮观，陵墓原有内外两重城墙，4个城门，还有献殿阙楼等宏伟的建筑物。

乾陵是有着"历代诸皇陵之冠"和"睡美人"之称的，也是我国历史上唯一的女皇帝武则天与唐高宗李治的夫妻合葬地。

李治与武则天先后执政

李治，字为善，生于628年，是唐太宗李世民的第九个儿子，其母亲是文德顺圣皇后长孙氏。

李治在631年被封为晋王，后因唐太宗的嫡长子皇太子李承乾与嫡次子魏王李泰相继被废，643年，他被册立为皇太子。

武则天画像

649年，李治在长安太极殿登基。李治是个体察民情的皇帝，早在即位初年，就立志要做中兴英主，以建成大唐的盛世基业。

李治在元老重臣的辅佐下，恭勤国事，礼贤下士，认真执行太宗皇帝的贞观遗规，垦殖荒田，推行均田制，发展科举制度。在当时，人口迅速增加，朝廷政治清明，经济繁荣昌盛，人们安居乐业，对外势力甚至发展到了中亚地区。

李治有知人之明，他身边有诸多贤臣如辛茂将、卢承庆、许圉师、杜正伦、薛元超、韦思谦、戴至、张文瓘、魏元忠等人，大多是他亲自提拔的。

其中，韦思谦曾受褚遂良打击，杜正伦曾被先皇唐太宗李世民冷落，但李治却没有对他们心存成见，反而知人善用，开创了有贞观遗风的永徽之治。

■ 乾陵碑

在李治还是太子的时候，就结识了武则天。太宗驾崩后，武则天出家了，李治又把她接回宫中封为昭仪，后来又册封武则天为皇后。

根据史书记载，李治长期有头痛与眼疾，到了晚年，眼睛几乎全盲，曾请御医秦鸣鹤医治。秦鸣鹤主张进行针灸医治，李治同意了。针灸虽然在短时间内确实有效，但仍无法根治李治的病痛。

李治在位34年，于683年驾崩，享年55岁，庙号高宗，谥号天皇大帝。

唐高宗李治本性仁慈、低调、俭朴，不喜欢大兴土木，不信方士长生之术，不喜游猎。但是，在高宗病痛期间的朝政，则有赖于武则天执掌治理。

武则天生于624年，是唐朝功臣武士彟的小女

皇太子 又叫太子，储君的一种称谓，是我国皇帝正式继承人的封号，通常被授予的对象是皇帝之子。皇太子的地位仅次于皇帝本人，拥有自己的、类似于朝廷的东宫。东宫的官员配置完全仿照朝廷的制度，还拥有一支类似于皇帝禁军的私人卫队。

■唐乾陵远景

儿。据说武则天小时候就显露出了与众不同的特质。当时，名闻天下的星相家袁天罡曾到武家赴宴。

席间，武家人请求他相面。袁天罡看了武则天的母亲杨氏的面相后，说："夫人骨法非常，必生贵子！"

这时，乳母抱着武则天走了出来。袁天罡上前审视了一会儿，让乳母把她放在地上走走看。武则天走了几步，袁天罡又让她抬头看，观察了一会儿后，袁天罡又惊奇，又遗憾地说："这个孩子生有龙睛凤颈，相貌也是伏羲之相，是极其尊贵的人啊！只可惜她是女孩，如果是男孩的话，是可以当君王的啊！"

637年，也就是武则天14岁时，唐太宗李世民听说她极其美貌，就把她召入后宫，赐号为"武媚"。652年，武则天又被唐高宗封为"昭仪"，后来成为了皇后。

被古代文献形容为"素多智计、兼涉文史"的武皇后，很快就显露出她超人的才华和精明强悍的治国能力，得到了高宗皇帝的极大信任与依赖。

660年，唐高宗风疾发作，让武则天处理朝政。于是，武则天向唐高宗建议，允许她一块上朝，临朝听政，这使她的政治经验和影响力进一步得到增强。

武则天还建议唐高宗，让他用"天皇"称号，自己则自称为"天后"。"天皇"唐高宗和"天后"武则天被人们合称为二圣。

后来，唐高宗的身体每况愈下，繁重的国事必须由武则天来决断。于是，武则天又有了新的想法。674年，武则天提议高宗以孝顺的名义，追封了所有的先皇祖宗。

追尊唐高祖李渊为神尧皇帝，李渊的皇后窦氏为太穆神皇后，追尊唐太宗李世民为文武圣皇帝，长孙皇后为文德圣皇后。

不仅如此，武则天还上书唐高宗，提出了12条改革措施，向全天下颁布了她的政治纲领。后来人们一般把武则天的政治纲领叫做建言十二事。这十二件事分为4方面：

第一方面，施惠天下，切实减轻人们负担。劝课农桑，轻徭薄赋。停止对外作战，减少公共工程。把京城的百姓的徭役给免了。

■ 唐乾陵神道

第二方面，优待百官。从提高官员的待遇入手，给八品以上的官员加薪俸，给才高位卑、长期得不到晋升的中下级官僚升官。

第三方面，提高母权。武则天提议当时的人们，如果母亲去世，父亲还在世，也要为母亲守孝3年。

第四方面，端正风气。一是王公以下的人都要学习《老子》；二是提倡节俭，要求服务于宫廷的手工业作坊停止生产奢侈品。古代皇后的裙子一般是13个褶，可是为了提倡节俭，武则天穿的却是只有7个褶的裙子。

这个建言十二事使武则天的威望更加提高了。675年，唐高宗患的风眩症更加厉害了，他便与大臣们商议，准备让武皇后摄政。

宰相郝处俊劝谏道："陛下为何不把先皇们辛苦打拼下的江山托付给皇族后裔，却要拱手让给天后呢！"

唐高宗听了之后，不再商议了。武则天得知此事后，就召集了一些文学之士撰写了《列女传》、《臣轨》、《百僚新戒》、《乐书》等著作约千余卷。并且密令参决百官疏奏，用来分走宰相郝处俊的权力。不久，高宗下诏：

■ 唐乾陵神道石狮子

朕方欲传位皇太子，而疾速不起，它申往命，加以等名，可兹为孝敬皇帝。

唐高宗同时诏令：武后摄政。676年，改元仪凤，布施大赦天下。由此开始，直至高宗驾崩，武则天全面掌控了朝政。

在683年至690年的这段时间里，武则天作为唐中宗、唐睿宗的皇太后临朝称制，后自立为皇帝，并定都洛阳，改称神都，建立了武周王朝。在武则天统治的近50年间，唐朝的社会政治、经济和文化得到了蓬勃发展。政策稳当、兵略妥善、文化复兴、百姓富裕，所以有"贞观遗风"的美誉。

阅读链接

相传，有人曾向唐太宗进贡了一批良驹。在良驹之中，唯有一匹叫狮子骢的未被驯服。唐太宗非常喜爱狮子骢，就悬赏重金找能驯服这匹马的人，很多人都来尝试，却都没能成功。

武则天知道此事后，就对唐太宗说："请先用铁鞭打它；如果不服，就用铁锤接着锤；还不服，则用匕首杀了它。"

唐太宗笑着说："照你这么说，朕的良驹不被你刺死了？"武则天进一步解释道："良驹应该成为君主的坐骑。驯服了就用，驯不服的话，留它又有何用呢？"

长孙无忌与李淳风选址

■唐乾陵华表

唐高宗李治登基不久，就派自己的舅父长孙无忌和专管天文历法的太史令李淳风为自己选择陵寝之地。

一天，二人巡视到咸阳梁山上，只见此山三峰高耸，主峰直插天际。东隔乌水与九嵕山相望，西有漆水与娄敬山、歧山相连。乌、漆二水在山前相合抱，形成水垣，围住地中龙气，此乃是世间少有的一块"龙脉圣地"。

长孙无忌和李淳风选好陵址后，便回京禀报高宗。但另一名风水师袁天罡听说后，却极力反对。原来他曾为高祖选陵址到过梁山，深知梁山风水的优劣之处。袁天罡跟高宗分析了梁山的情况，他说：

梁山从外表上看是一块风水宝地，但细看有许多不足之处。

一是梁山虽然东西两面环水，能围住龙气，但隔断了太宗陵墓的龙脉，假如普通人在此地选祖茔，是可以兴盛三代，但作为帝王之山的陵址，恐怕三代之后江山就有危险了。

大唐龙脉从昆仑山分出一支过黄河，然后入关中，以歧山为首向东蔓延至九嵕山、金粟山、嵯峨山、尧山。太宗葬于九嵕山，为龙首。

陛下作为太宗后人，就不可以后居于前，况且梁山又不是龙首，而是周代的龙脉之尾，尾气必衰，主陛下治国无力。

二是梁山北峰居高，前有两峰好似女人乳状，整个山形远观好似少妇平躺一般。陛下

选陵于此，恐怕以后江山会被女人操控。

三是梁山主峰直秀，属木格，南二峰圆利，属金格。三座山峰虽挺拔，但远看方平，为土相。金能克木，土能生金，整座山形龙气助金，地宫营主峰之下，主陛下必为金格之人所控。

依臣愚见，若陵址定于此山，陛下日后必被女人所伤。

听了袁天罡的一番宏论，高宗犹豫不决，遂退朝不议。武则天的亲信把这件事告诉了她，武则天当时听了十分高兴，她暗自思忖：小时候听父亲说，袁天罡说我将来能做女皇帝，看来要应验了。于是，她又去劝说高宗不要听信袁天罡的言论。

第二天早朝时，高宗传出圣旨，定梁山为陵址。袁天罡一听，仰天叹道："代唐者，必武昭仪。"他怕将来受牵连，就辞官不做，外出云游去了。

陵址选好后，如何定名，群臣争论不休。有大臣建议，太宗山陵

乾陵述圣纪碑

■ 唐乾陵石像翼马

名为昭陵，有昭示帝气之意，陛下陵就定名为承陵，意思是承接太宗的恩泽。

长孙无忌奏道："梁山位于长安西北，在八卦中属乾位，乾为阳、为天、为帝。长安是陛下的人间帝都，梁山自然为陛下万年寿域的天堂帝都，人间与天堂，天地合一，乾坤相合，主定陛下永世为帝王。依臣之见，就定名为乾陵吧！"

高宗听后十分高兴，于是定名乾陵。长孙无忌却没想到，袁天罡所言，是说梁山阴气弥漫，不能选作陵址。要是定名为乾陵，岂不是注定有女人为帝吗？

但据文献记载，弘道元年高宗驾崩后，武则天遵照高宗"得还长安，死亦无憾"的遗愿，在关中渭北高原选择了吉地，命吏部尚书韦待价为山陵使，户部郎中韦泰真为将作大匠，动用兵士和民工20余万人，按照"因山为陵"的葬制，将梁山主峰作为陵冢，在

吏部尚书 又称为天官、冢宰、太宰，我国古代官名，六部中吏部的最高级长官，负责掌管全国官吏的任免、考课、升降、调动、封勋等事务，也是中央六部尚书之首。唐宋时官职是正三品，明代时是正二品，清代时是从一品。

■乾陵永乐公主墓室壁画

绝代王陵

气势恢宏的帝王陵园

山腰凿洞修建地下玄宫。

　　根据史书《新唐书·陈子昂传》的记载，经过300个日夜的紧张施工，到684年安葬高宗时，乾陵的主要部分竣工了。

　　武则天曾经称帝，她在晚年却宣布废去自己的帝号，请求她的儿子，也就是唐中宗李显，将自己以唐高宗皇后的身份附葬于唐高宗的乾陵。

　　705年，武则天病故。在安葬武则天的问题上，朝廷发生了一番争论。中宗想要完成他母后武则天"归陵"的遗愿，但大臣严善思极力反对。

　　严善思说："尊贵的人要先入葬，地位卑贱的人不应该惊动尊贵的人而接着入葬。则天太后不如天皇大帝尊贵，如果开了陵墓为他们合葬，就是以卑动尊了，恐怕会惊动龙脉。臣听说，乾陵玄阙的门用石头堵塞着，在石头的缝隙之中是铸铁。这样一来，如果要开陵合葬，就只能砸开陵墓入口了。这样会劳动人力，坏处就更大了。陛下不如在乾陵附近另外找一块风水宝地当作则天太后的陵墓，这样既符合入葬的礼仪，又显得稳妥。如果则天太后和天皇大帝心有灵犀，即使不合葬，他们也能相逢，如果两个人没有心意相通的话，合葬也没什么意义。"可是宽厚仁慈的中宗皇帝没有接受这个建议，为了表示孝心，他还是命人挖开乾陵埏道，启开墓门，将武则天合葬入乾陵玄宫了。

■ 乾陵博物馆文物

合葬唐高宗和武则天后，中宗、睿宗又将二太子、三王、四公主、八大臣等17人陪葬乾陵。因此，乾陵陵园的所有营建经历了武则天、中宗至睿宗初期才始告全部完成，历时长达57年之久。

阅读链接

武则天是位宽容而贤明的君主。涉及朝廷礼法的事，哪怕是至亲至宠，武则天也从不偏袒纵容。

据说，武则天的一个亲信曾经大摇大摆地从朝堂经过，正好遇见了宰相苏良嗣。因为朝堂是文武百官才能出入的地方，苏良嗣就生气地训斥了武则天的这名亲信，还打了他几巴掌。

这名亲信又急又气，马上找到武则天告状，希望武则天能替他出气。但是武则天却没有动怒，反而对亲信说："朝堂本来就不是你能出入的地方啊。你做错事，宰相是理应教训你的。"从此之后，这个亲信再也不敢目中无人了。

一帝一后的合葬安息地

　　乾陵位于陕西咸阳城北6千米的梁山上，梁山是圆锥形石灰岩山体，共有三座山峰，北峰最高，海拔约1千米。乾陵就在梁山的北峰之上，是陕西关中地区唐十八陵之一。

　　由于唐初时，唐太宗李世民从他与长孙皇后的昭陵起，开创了

■ 唐乾陵神道

■ 乾陵

"因山为陵"的葬制，并将陵墓由建筑群与雕刻群相结合，参差布置于有"龙盘凤翥"之势的山峦之上。而唐高宗与武则天的乾陵，完美地发展、完善了昭陵的形制。

乾陵陵园仿唐都长安城的格局营建，分为皇城、宫城和外郭城，其南北主轴线长达4.9千米。乾陵陵园"周八十里"，原有城垣两重，内城总面积240万平方米，置四门，东为青龙门，南为朱雀门，西为白虎门，北为玄武门。

从乾陵头道门踏上石阶路，共有537级台阶。走完台阶就是一条平宽的道路直至"唐高宗陵墓"碑，这条道路便是"司马道"。

司马道的两旁，端立首位的是一对高达8米有余的八棱柱石华表，这是帝王陵墓的标志，昭示着生命长存。

白虎 我国古代传说中的四大神兽之一，传说白虎具有避邪、禳灾、祈丰及惩恶扬善、发财致富、喜结良缘等多种神力。白虎象征着威武和军队，也是战神。根据五行学说，它是代表西方的灵兽，因西方属金，色白，所以叫白虎，代表的季节是秋季。

挨着华表的是一对昂首挺胸、浑圆壮观的翼马，马身两翼雕以卷云纹，似有腾飞之势。翼马之北是一对优美的高浮雕鸵鸟，是唐王朝同西域文化交流与友好往来的象征。

紧挨着鸵鸟的是5对配有驭手的石仗马和10对高4米左右的石翁仲。传说翁仲姓阮，是秦朝镇守临洮的大将，威震夷狄。秦始皇竖翁仲石像于咸阳宫司马门外，后世的帝王也以翁仲石像守卫陵园。司马道旁另有宾王像61尊，石狮一对。

在这些石像当中，那61尊宾王石像，大小和真人差不多，人们习惯上把这些石像称之为"蕃像"，也称"六十一蕃臣像"。

这些与真人大小相仿的石人，穿着打扮各不相同，有袍服束腰的，也有翻领紫袖的。但他们都双双并立，两手前拱，姿态极为谦恭，仿佛在这里列队恭

■乾陵六十一蕃臣像

■ 乾陵神道旁的石翁仲 翁仲原本指的是匈奴的祭天神像，大约在秦汉时代就已经被汉人引入关内，当作宫殿的装饰物。初为铜制，号曰"金人"、"铜人"、"金狄"、"长狄"、"遐狄"，后来却专指陵墓前面及神道两侧的文武官员石像，成为我国两千年来上层社会墓葬及祭祀活动重要的代表物件。除了人像外，还包括动物及瑞兽造型的石像。

迎皇帝的到来。

但最为奇怪的是，这些石像都是没有脑袋的，可是乾陵原本不该用这些没有头的石像守陵的。有种说法是，这些石像的头部是在明朝被毁掉的。

据说，在明朝初期，有个外国使节到乾陵去游玩，发现自己的祖先的石像立在这里给唐朝的皇帝守陵，觉得有损了自己国家的尊严，就想把这些石像给毁了。但是他又怕引起当地民众的不满，于是便想到了一个妙计。

这个外国使节每天晚上都到乾陵附近的庄稼里践踏，然后在第二天又和附近的人们说，石像在晚上会成精，正是它们糟蹋了庄稼。如果想保护好庄稼和粮食，就必须把这些石像消灭掉，砍掉它们的脑袋，让它们不能再出来祸害庄稼。当地人认为这个外国使者说得非常有道理，于是一气之下便把这些石像的脑袋给砍碎了。

在明朝末年，一些诗人描写乾陵的诗句中，出现了"赤马剥落离倒旁"的诗句，说的就是乾陵的立马和石像都纷纷地倒在了地上。

诗中所描述的石像倒地的情景，似乎和民间的传说在时间上有相近之处。

后来，人们认为可能是自然灾害给这些石像带来了灾难。1556年

升龙 我国古代有关于龙的纹饰图样之一，头在上尾在下的是升龙。状如行走的是行龙，云气环绕的是云龙，腾空而起的是飞龙，盘成圆形的是团龙，头部呈正面的是祥龙，头部呈侧面的是望龙，尾在上头在下的是降龙。

的一天，陕西的华县发生了强烈的地震，而乾陵距华县只有100多千米，同样属于震中地带，因此遭受到了毁灭性的打击。据人们推断，这场地震就是造成这61座石像头部断裂的主要原因之一。

司马道尽头就是写着"唐高宗乾陵"的墓碑，墓碑高2米，是陕西巡府毕源为唐高宗所立的。这通墓碑的右前侧是写着"唐高宗李治与则天皇帝之墓"12个大字的另一块墓碑。另外在南门外，还有为高宗皇帝和武则天歌功颂德的《无字碑》和《述圣记碑》。

无字碑在司马道东侧，与述圣纪碑相对。无字碑是在唐朝时立的，由于没有铭刻任何文字，因此被称为"无字碑"。

无字碑通身取材于一块完整的巨石，高7.53米，宽2.1米，厚1.49米，总重量约有100吨，碑身用一块完整的巨石雕成。

无字碑的两侧有升龙图，各有一条腾空飞舞的巨龙，高4.12米，是线刻而成，龙像是正腾飞在天，栩栩如生。

碑座阳面还有线刻的狮马图，长2.14米，宽0.66米，马屈蹄俯首，温顺可爱，雄狮昂首怒目，十分威严。碑上还有许多花草纹饰，线条精细流畅。整个无字碑高大雄浑，雕刻精美。

无字碑碑额没有碑名，碑额

■ 乾陵无字碑

■ 乾陵前的鸵鸟石雕

乾　鸵鸟
Ostrich

阳面正中是一条螭龙，碑身两侧各4条，共有9条螭龙，故亦称"九龙碑"。这几条螭龙巧妙地缠绕在一起，鳞甲分明，筋骨裸露，静中寓动，生气勃勃。

武则天精心设计的这块无字碑，在人们的眼中不仅是乾陵的象征，更是女皇武则天的象征。至于无字碑上为何无字，有3种说法：

第一种是"德大说"。认为，武则天立无字碑是用以夸耀自己，以女子称帝，"功高德大"，难以用文字表达，所以于立白碑，表示自己的伟大已远非文字所能表达。

第二种是"愧疚说"。认为，武则天立无字碑是因为自知罪孽重大，感到还是不写碑文为好。

第三种是"遗言说"。认为，武则天是一个有自知之明的人，临终前遗言："己之功过，留待后人评说"，故不铭一字。立无字碑是聪明之举，功过是非让后人去评论，这是最好的办法。

自从宋金以后，就开始有人题字于无字碑，使无字碑成为有字碑。在经历了元、明、清各个朝代后，碑上逐渐镌刻了许多文字，不

■ 唐乾陵石马

绝代王陵

气势恢宏的帝王陵园

玉兔 我国神话传说中，居住在月宫里的白色兔子，是嫦娥的化身。传说嫦娥因私自奔月而触犯了天庭的法规，于是玉帝将嫦娥变成了玉兔，每到月圆时，玉兔就要在月宫里为天神捣药以示惩罚。也有传说认为玉兔是嫦娥的宠物。

仅在内容上自然形成了评价武则天的"碑文"，而且在书法上真、草、隶、篆、行五体皆备。

但是，由于年代久远，其中唯有1135年《大金皇弟都统经略郎君行记》保存比较完整，这是用女真文字刻写的，旁边还有汉字译文。由于女真文字后来绝迹了，因此，碑上的文字成为研究女真文字和我国少数民族历史文化不可多得的珍贵资料。

述圣纪碑，位于司马道西侧，与无字碑相对，是由唐中宗李显亲笔书写、武则天亲手篆刻的，为高宗歌功颂德的一通功德碑。

述圣纪碑为方形，高7.53米，每边宽1.86米，重约89.6吨。述圣纪碑的顶、身、座共7节，表示日、月、金、木、水、火、土，寓意李治的文治武功光照天下，因此也叫做"七节碑"。

述圣纪碑记述了唐高宗的文治武功，开辟了帝王陵前立功德碑的先例。述圣纪碑碑身五节除第一块和四块无字外，其余三块的正面及东西两侧均刻有字。

述圣纪碑的正面碑文，文体为骈体文，原文46行，行约120字，共约6000字，都是楷书，每个字笔画间都"填以金屑"，闪闪发光，照耀陵园。后来因年代久远，金屑自然脱落，文字也大多剥蚀，仅第一、二、五石存留的1500多字还依稀可辨。

根据述圣纪碑的记载，唐高宗的临终遗言是，将他生前所珍爱的书籍、字画等全部埋入陵中。武则天营建乾陵的目的是为了报答唐高宗的知遇之恩，因此，乾陵必定是一个满藏无价瑰宝的地宫。

根据对乾陵地宫的探测，结合已发掘的乾陵陪葬墓和有关文献，可以推测出乾陵墓是由墓道、过洞、天井、甬道和前、中、后3个墓室组成，有耳室。

中室里置了棺床，以放置皇帝的"梓宫"，即棺椁。棺椁的底部有防潮、防腐材料，以珍宝覆盖，其上加"七星板"，板上置席、褥，旁置衣物及珪、璋、璧、琥、璜等"六玉"。

唐高宗身穿12套大敛之衣，头枕玉匣，口含玉贝，仰卧于褥上，面朝棺盖。

盖内侧镶饰黄帛，帛上绘日、月、星辰及金乌、玉兔、龙、鹤等物。

地宫的后室设石床，其上放置衣冠、剑佩、千味食及死者生前的喜好之物。前室设有"宝帐"，帐内设神座，周围放置玉质的"宝绶"、"谥册"和"哀册"。另外在过洞两侧的耳室和甬道石门的前后，放

■ 乾陵述圣纪碑

璧 我国古代一种贵重的玉器，扁圆形，正中有孔，分为大璧、谷璧、蒲璧三类。玉璧是古代贵族所用的礼器，天子在重要的国家祭祀大典中会使用玉璧，贵族也会把玉璧作为信物相互赠送或当成装饰品来标示身份。

乾陵七节碑

置有大量珍贵的随葬明器。

对此，乾陵地宫内可能藏有的文物可以分为六大类：

一是金属类，有金、银、铜、铁等所制的各类礼仪器、日常生活用具和装饰品、工艺品等；二是陶、瓷、琉璃、玻璃等所制的器物、人物和动物俑类；三是珊瑚、玛瑙、骨、角、象牙等制成的各类器具和装饰物；四是石质品，包括石线刻、石画像、人物及动物石雕像、石棺椁、石函和容器；五是壁画和朱墨题刻；六是纸张、典籍、字画、丝绸和麻类织物，漆木器、皮革和草类编织物等。

营建乾陵时，我国正值盛唐，国力充盈，陵园规模宏大，建筑雄伟富丽，因此，乾陵堪称"历代诸皇陵之冠"。

108
绝代王陵
气势恢宏的帝王陵园

阅读链接

武则天在感业寺清修时，曾经容颜憔悴、风华渐失。有一天，她偶然得知蜂花粉可以养颜抗衰。从此，武则天不仅早、晚以蜂花粉为食，而且还用鸡蛋清调匀蜂花粉用来敷面。

时间一天天过去，武则天的气色渐渐变好，甚至比以前更加青春艳丽。容光焕发的武则天用她美丽的容貌、聪慧的头脑重回皇宫，并最终成为我国历史上唯一的女皇。

武则天认为蜂花粉功不可没，从此对蜂花粉情有独钟，于是长期食用蜂花粉，视蜂花粉为美容圣品。因此，后来的许多人也都用蜂花粉来美容养颜。

巩义八陵

"七帝八陵"，即巩义八陵是北宋皇陵。位于河南巩义嵩山北麓与洛河间的丘陵和平地上。总面积约30平方千米。

地处郑州、洛阳之间，南有嵩山，北有黄河，依山傍水，风景优美，被人誉为"生在苏杭，葬在北邙"的风水宝地。

北宋皇陵从968年开始兴建，总面积曾达到25平方千米，经过千年来的无数劫难后，只有遗址尚存。这些散布在田野之上的近千件石雕像，保存了北宋王朝的珍贵过往。

八处陵墓与七位帝王

绝代王陵
气势恢宏的帝王陵园

　　北宋历代共有9位皇帝，埋葬在这里的是另外7个皇帝以及被追尊为宣祖的赵弘殷，也就是赵匡胤的父亲。因此世称"七帝八陵"。

　　按照埋葬时间的先后，八陵中的主人及其陵墓依次是：宋宣祖的永安陵、宋太祖的永昌陵、宋太宗的永熙陵、宋真宗的永定陵、宋仁宗的永昭陵、宋英宗的永厚陵、宋神宗的永裕陵和宋哲宗的永泰陵。

宋宣祖赵弘殷是涿郡人，年轻时骁勇善战，擅长骑射。后来，他做了镇州赵王王镕的手下，曾经为王镕带领五百骑驰援后唐庄宗李存勖，立下了战功。后来唐庄宗李存勖爱惜他作战英勇，留用于洛阳禁军。

后来，赵弘殷从军出征王景，正赶上蜀兵来救援王景。紧接着汉军与后蜀军在陈仓交战，一开始交战赵弘殷就被箭矢射中左眼，他反而作战更加英勇，奋力带领士兵击败对手，因为这次功劳，赵弘殷被升为护圣都指挥使。

赵弘殷在956年去世，死后被追封武清军节度使、太尉的封号。

而赵弘殷的儿子赵匡胤是我国大宋王朝的建立者。960年，他建立了宋朝，定都开封。在位期间，赵匡胤提倡文人政治，开创了我国的文治盛世，是一位英明仁慈的皇帝，是推动历史发展的杰出人物。

赵匡胤一生最大的贡献和成就，在于重新恢复了华夏大部分的统一，结束了"安史之乱"以来长达

禁军 也叫"亲卫"、"近卫"或"御林军"，是我国古代直辖属于帝王，担任护卫帝王或皇宫、首都警备任务的军队。禁军在古代是一个国家之中最为精锐和善战的军队，分为马军、步军和弓军三科，每一科分别设置教头，之上又设置有总教头。

■ 巩县八陵的北宋皇帝陵永昭陵

■ 巩县八陵神道一侧景物

殿试 又称御试、廷试或廷对，指在科举考试中由皇帝亲自出题的考试。殿试是科举考试中的最高一段，分为三甲，一甲三名赐进士及第，通称状元、榜眼、探花，二甲赐进士出身，第一名通称传胪，三甲赐同进士出身。

200年的诸侯割据和战乱。使饱经战火之苦的人们终于得以休养生息。

赵匡胤奉行"文以靖国"，果断地实行"扬文抑武"，通过设立"誓牌"，尊孔崇儒，完善科举，创设殿试，知人善任，厚禄养廉等一系列重大举措，成为我国历史上最受推崇的一代文治之君。

赵匡胤彻底扭转了唐末以来武夫专权的黑暗局面，使宋代的文化空前繁盛，因此，赵匡胤也可以称得上是五代十国野蛮政治的终结者，又是后世历朝文明政治的开拓者。

赵匡胤一举铲平了藩镇割据武夫乱政的历史状况。所以宋朝300年的历史中从未发生过大的内乱和地方割据。

赵匡胤作为帝王是十分贤明的。他心地清正，嫉恶如仇，宽仁大度，虚怀若谷，好学不倦，勤政爱民，严于律己，不近声色，崇尚节俭，以身作则等，不仅对改变五代以来奢靡风气具有极大的示范效应，而且深为臣民们所津津乐道。

赵匡胤在位16年，976年驾崩，庙号为太祖，谥号启运立极英武睿文神德圣功至明大孝皇帝。

接宋太祖赵匡胤皇位的是他的弟弟赵炅。赵炅本名为赵匡义，939年生于开封浚仪。

传说，赵匡义之母杜太后曾经梦见神仙捧着太阳授予她，从而怀孕。赵匡义出生的当天夜晚，红光升腾似火，街巷之间充满异香。

赵匡义从小聪颖，与别的孩子游戏时，别人都畏服于他。赵匡义22岁时，参与了陈桥战役，拥立他的哥哥赵匡胤为帝，被封为晋王，曾参与宋太祖赵匡胤统一四方的大业。

赵匡义治政有为，不善武功。即位后，赵匡义继续进行统一事业，鼓励垦荒，发展农桑，扩大科举取士规模，编纂大型类书，设考课院、审官院，加强对官吏的考察与选拔，进一步限制节度使权力，力图改

■ 巩义八陵角楼

榷场 榷是专卖的意思。榷场是指我国古代因各地区经济交流的需要而产生的、设在两国交界地点的互市市场，官府有贸易优先权。榷场受两国朝廷的严格控制，还有控制边境贸易、提供经济利益、安边绥远的作用。

变武人当政的局面，确立文官政治。这些措施为宋朝的稳定做出了重要贡献。

赵匡义在位共21年，在997年驾崩，庙号太宗，谥号至仁应道神功圣德文武睿烈大明广孝皇帝。

宋太宗把皇位传给了自己的第三个儿子，赵恒。赵恒生于968年，997年继位，登基前曾被封为韩王、襄王和寿王。赵恒以每年进贡辽大量金银为"岁币"为条件，与辽国在澶渊定盟和解，史称澶渊之盟。

盟约的订立，结束了宋、辽之间40多年来的敌对状态，同时也是宋朝向番方交纳岁币换取和平的开始。同时，宋、辽形成长期并立的形势，两国之间不再有大的战事发生，北宋在边境上的河北雄县、河北霸州等地设置榷场，开放交易，为中原与北部边疆经济文化的交流创造了条件。

赵恒于1022年驾崩，享年55岁，在位25年，庙号

■ 宋陵石刻

■ 宋陵阙亭

真宗，谥号神功让德文明武定章圣元孝皇帝。

　　宋真宗的第六个儿子赵祯继承皇位。他生于1010年，1018年时被立为皇太子，被赐名赵祯，1023年即帝位，时年13岁。

　　在赵祯的统治时期，国家安定太平，经济繁荣，科学技术和文化得到了很大的发展，赵祯当政期间，当朝正式发行了普天下最早的纸币——"官交子"。

　　赵祯性情宽厚，不事奢华，还能够约束自己。有一年，时值初秋，官吏献上蛤蜊。赵祯问从哪里弄来的，臣下答说从远道运来。赵祯又问要多少钱，答说共28枚，每枚钱一千。

　　赵祯说："我常常告诫你们要节省，现在吃几枚蛤蜊就得花费两万八千钱，朕吃不下！"他也就没有吃。

　　还有一次，赵祯本来正在散步，却不时回头看，随从们都不知道为什么。赵祯回宫后着急地对嫔妃说道："朕渴坏了，快倒水来。"

　　嫔妃觉得奇怪，问赵祯："为什么在外面的时候不让随从伺候饮水，而要忍着口渴呢？"

赵祯说："朕屡屡回头，但没有看见他们准备水壶，如果朕要是问的话，肯定有人要被处罚了，所以就忍着口渴回来再喝水了。"

赵祯不光对人仁慈宽厚，身为九五至尊，对自己的要求也是非常严格。他的衣食非常简朴，史书中记录了他大量严于律己的故事。

一天，赵祯处理事务到深夜，又累又饿，很想吃碗羊肉热汤，但他忍着饥饿没有说出来。

等到了第二天，皇后知道后，就劝他："陛下日夜操劳，千万要保重身体，想吃羊肉汤，随时吩咐御厨就好了，怎能忍饥使陛下龙体受亏呢？"

但赵祯对皇后说："宫中一时随便索取，会让外边看成惯例。如果朕昨夜吃了羊肉汤，御膳房中的御厨就会夜夜宰杀，一年下来要数百只，形成定例，日后宰杀之数不堪计算，为朕一碗饮食，创此恶例，且又伤生害物，于心不忍，因此朕宁愿忍一时之饿。"

赵祯还是个善于纳谏，明辨是非的贤君。一天，他退朝回到寝宫，因为头痒，没有脱皇袍就摘下帽冠，呼唤梳头太监进来替他梳头。太监梳头时见赵祯怀中有一份奏折，问道："陛下收到的是什么奏折？"

赵祯说是谏官建议减少宫中宫女和侍从的。

太监说："大臣家里尚且都有歌伎舞女，一旦升官，还要增置。陛下侍从并不多，他们却建议要削减，岂不太过分了！"

赵祯听完这话，沉默不语。

太监又问："他们的建议，陛下准备采纳吗？"

赵祯看了他一眼，说："谏官的建议，朕当然要采纳。"

太监自恃一贯为赵祯所宠信，就不满地故意说："如果采纳，请以奴才为削减的第一人。"

赵祯听了，迅速站起呼唤主管太监入内，按名册检查，将宫人29人及梳头太监削减出宫。

事后，皇后问道："梳头太监是陛下多年的亲信，又不是多余的人，为何将他也削减？"

赵祯说："他劝朕拒绝谏官的忠言，朕怎能将这种人留在身边！"

赵祯的善于纳谏还成全了包拯。刚正不阿的包拯

御膳房 我国古代专门负责皇帝和皇后饮食的厨房，设有荤局、素局、挂炉局、点心局、饭局五局。荤局主管鱼、肉，素局主管青菜、干菜、植物油料等，挂炉局主管烧、烤菜点，点心局主管包子、饺子、烧饼、饼类以及糕点，饭局则主管粥、饭。

■ 巩县八陵石兽

在担任监察御史和谏官期间，屡屡对赵祯犯颜直谏，甚至连唾沫星子都飞溅到赵祯脸上，但赵祯毫不动怒，一面用衣袖擦脸，一面还接受他的建议。

无论是遭到大臣的反唇相讥，还是被骂得一脸口水，赵祯都很清醒、很宽容。他不认为这样会龙威尽失，能接受的，他就接受；一时不能接受的，也绝不会对提意见者打击报复，有时甚至还会安抚。

赵祯一朝不仅出现了包拯，还出现了"求之千百年间，盖示一二见"。有在《岳阳楼记》中唱出"先天下之忧而忧，后天下之乐而乐"的范仲淹，以及倡导文章应明道、致用，领导北宋古文运动的欧阳修。而赵祯所实施的"庆历新政"，更为后来的王安石变法起到了投石问路的作用。

赵祯的继位，把宋太祖赵匡胤治理时的开放和宽容风气弘扬到了最大。赵祯本人十分爱好学习，崇拜儒家经典。正是他首次把《论语》、《孟子》、《大学》、《中庸》拿出来合在一起让学生学习，开了"四

监察御史 是我国古代的一种官职名称，主要负责监察百官、巡视郡县、纠正刑狱、肃整朝仪、祭祀营作、太府出纳等事务。因为掌管的事物十分重要，监察御史的选授和督察是极为严格的，连书写失误也会被认为不称职而治罪。

谏官 又称"谏臣"，我国古代官职之一，是对君主的过失直言规劝并使其改正的官吏，专门负责规谏天子的过失。自古以来，谏官被看做是与左丞右相同等重要的帝王羽翼，即使说错话也不会受到处罚。

书"的先河。赵祯在位42年，1063年驾崩于汴梁皇宫，享年53岁。庙号仁宗。宋仁宗在遗诏中也不忘强调丧礼必须从简。

宋仁宗驾崩的消息传到洛阳时，人们自动停市哀悼，焚烧纸钱的烟雾飘满了洛阳城的上空，以致"天日无光"。

他的死甚至影响到了偏远的山区，当时有一位官员前往四川出差，路经剑阁，看见山沟里的妇女们也头戴纸糊的孝帽哀悼皇帝的驾崩。

甚至连当时的宋朝敌对国家辽国，竟然也"燕境之人无远近皆哭"，连辽国皇帝耶律洪基也握着使者的手号啕痛哭道："四十二年不识兵革矣。"可见赵祯真是无愧"仁宗"的称号。

由于宋仁宗没有儿子，从小被抱养的赵曙就继承了皇位。赵曙生于1032年，他原名宗实，是太宗的曾孙，濮王允让之子。

■ 巩县八陵建筑

　　赵曙刚即位时，就表现出了一个有为之君的风范。宋仁宗暴亡，按理说，医官应当负有责任，主要的两名医官便被赵曙逐出皇宫，送边远州县监管。

　　其他一些医官，唯恐也遭贬谪，便在赵曙面前求情，说："先皇起初吃这两人开的药还是很有效的，不幸去世，乃是天命，非医官所能及。"

　　赵曙严肃地问："朕听说这两个人都是由两府推荐的？"

　　左右道："正是。"

　　赵曙又说："既然这样，朕就不管了，都交给两府去裁决吧。"

　　众医官一听，都吓得魂飞魄散，暗暗惊叹新皇帝的精明与果断。

　　赵曙行事雷厉风行，与主张仁政的仁宗有着很大的不同。不仅如此，赵曙也是一个很勤勉的皇帝。当时，辅臣奏事，赵曙每次都详细询问事情始末，方才裁决，处理政务非常认真。

　　赵曙虽然有一定的政治才能，却因病英年早逝，于1067年病逝于宫中福宁殿，享年36岁，庙号英宗。宋英宗赵曙本人对于北宋中兴抱有极大期望，相对于自己的儿子赵顼，政治手段也更为成熟。无奈寿短，从而失掉了可能的中兴计划。

赵顼是宋英宗的长子， 1063年受封光国公；后又加同中书门下平章事，受封淮阳郡王。

1064年进封颖王。1066年被立为皇太子，1067年即帝位，时年20岁。

赵顼即位后，由于对疲弱的国势深感不满，且赵顼素来都欣赏王安石的才干，所以命王安石推行变法，以期振兴北宋王朝，史称王安石变法，又称熙宁变法，维持新法将近20年。

赵顼"不治宫室，不事游幸"，致力于实现富国强兵的目标。他支持王安石变法，抑制了豪强兼并和高利贷者的活动，使自耕农得到保证，国力和财政大大改善。在守旧势力的反对下，赵顼虽然摇摆于新旧两党之间，但他维持新政、坚持变革的决心不变，确实是宋朝有抱负、有作为的皇帝。

1085年，赵顼崩殂于福宁殿，在位17年，享年37岁，殡于殿西阶，庙号神宗，群臣上谥号为英文烈武

王安石 （1021年—1086年），字介甫，号半山，谥文，封荆国公，世人又称王荆公。北宋抚州临川，今临川区邓家巷人。北宋丞相、新党领袖。他是我国历史上杰出的政治家、思想家、学者、诗人、文学家、改革家。"唐宋八大家"之一。有《王临川集》等。

■ 巩县八陵建筑

圣孝皇帝。

赵煦，原名佣，是宋神宗的第六子，曾被封为延安郡王。他生于1076年，是北宋第七位皇帝，从1085年时登基，时年9岁，为宋哲宗。由高太后辅佐，1093年时亲政。

赵煦是个早慧的人，才八九岁时就能背诵7卷《论语》，字也写得很漂亮，颇得父亲宋神宗赵顼的喜爱。

一次，宋神宗在宫中宴请群臣，时年9岁的赵煦随同。赵煦虽然是第一次经历这样的场面，但却表现得极为得体，得到了父亲的夸赞。

后来，赵煦即位后，辽朝派使者来参加神宗的吊唁活动，宰相蔡确因两国服饰不同，怕年幼的赵煦害怕，便反复给赵煦讲契丹人的衣着礼仪。

赵煦起初沉默不语，待蔡确絮絮叨叨讲完，忽然正色问道："辽朝使者是人吗？"

蔡确一愣："当然是人，但是夷狄。"

赵煦又问："既然也是人，还有什么可怕的？"

言辞极锋锐，令蔡确无言以对，只好惶恐退下。

赵煦虽然聪慧贤明，却因为高太后当初的辅佐而感到束缚，因此在治理宋朝时有些急躁。

虽然他仰慕父亲宋神宗，但因为太过年轻，缺乏经验和冷静，因此不善于处理变法所带来的问题，导致新党与旧党之间的矛盾激化。

赵煦亲政后表明要继承神宗所实行的新法，追贬司马光，并贬谪苏轼、苏辙等旧党党人于岭南，接着重用革新派如章惇、曾布等，恢复王安石变法中的保甲法、免役法、青苗法等，减轻臣民负担，使国势有所起色。

1094年时，赵煦改元"绍圣"，并停止与西夏谈判，多次出兵讨伐西夏，迫使西夏向宋朝乞和。因此，赵煦算得上是宋朝一位比较有作为的帝王。

赵煦卒于1100年，在位15年，享年24岁。庙号哲宗，谥号宪元继道显德定功钦文睿武齐圣昭孝皇帝。

阅读链接

有一天，赵匡胤和几名曾随他征战的将领们饮酒。喝着喝着，赵匡胤突然叹了口气，对部下们说："自从做了皇帝，我还从没有睡过一个安稳觉呢！"

将领们很吃惊，问道："您已经贵为天子，还能有什么烦心事呢？"

赵匡胤回答说："我在发愁，要是有一天你们的部下要逼你们造反，那时你们怎么办呢？"

将领们连忙跪下磕头，请求赵匡胤给他们想个办法。

赵匡胤对他们说："不如我多赏你们一些豪宅良田，你们就安稳度日去，咱们君臣之间也没有猜疑，这样多好！"

将领们连连称是，纷纷交出了兵权，解甲归田。赵匡胤不费一兵一将，就将兵权集中在了自己的手里。这就是"杯酒释兵权"。

各有千秋的北宋皇陵

　　宋太祖的永昌陵是地面遗迹保存较好的一座宋陵。永昌陵陵台底边长48至55米，高14.8米。陵园东西231.6米、南北235米，四面中央各辟一门。门址宽约18米，四门外各置一对石狮。

■ 巩义八陵石兽

■ 巩义八陵石羊

陵园南门与乳台间距142.5米，乳台与鹊台相距155米。二乳台东西间距50米，二鹊台东西间距54米。南门与乳台间是神道，神道东西间距45米，对称列置各种石像生，由南向北依次是华表、石象及驯象人、瑞禽、角端各1对，石马及控马官、石虎、石羊各2对，"藩使"3对，文、武臣4对。陵园四门外有石狮，南门石狮北有武士，南门内陵台前有宫人。

华表高5.8米，宽1米，下为方形基座，上置莲花形柱础。柱身为八菱形，由下向上逐渐收杀，柱顶为仰覆莲间以宝珠上加合瓣莲花结顶。

柱身菱面雕刻为减地和单线阴刻两种，画面内容有云龙纹、长颈宝瓶和卷草花卉等。在巩义松龄的华表中，永昌陵华表雕刻最佳，构图精美，线条流畅。

石象长2.55米、宽1.1米、高2.15米，驯象人高2.23米、宽0.79米、后0.56米。石象身躯庞大，造型雄伟，身披华丽的锦绣，背置莲花座，象鼻拖地，面饰

角端　我国古代神话传说中的一种祥瑞之兽，相传角端能日行一万八千里，又通晓四方语言，如果是明君圣主在位，角端就会带着书出现。角端长着犀牛角、狮子的身体、龙的脊背、熊的爪子、鱼的鳞片和牛的尾巴，象征着光明正大。

幞巾 也叫"折上巾"或"软裹"，是我国古代男子一种用来包头的软巾。因为所用的纱罗通常为青黑色，故也称"乌纱"，后代俗称为"乌纱帽"。有平式、结式、软脚、圆顶直脚、方顶硬壳五类，式样有直角、局脚、交脚、朝天、顺风等。

辔勒。象取立姿，腹下镂空。

驯象人头戴包头巾，身着袍服，腰束方块玉带饰物，双手拱于胸前，执驯象物。

瑞禽高2.2米、长1.73米、宽0.63米。整体似圭形，浮雕层叠山峰，两侧和顶端未雕出山峰纹。西列瑞禽石雕中浮雕出一只马首、龙身、鹰爪、凤翅、雀尾的怪禽。东列瑞禽是巩义市宋陵现存14件瑞禽中唯一的一件刻羊首的，其余均为马首。

角端高2米、长2米、宽0.8米。角端是人们想象中的一种动物，其形象为独角，前唇特长，或卷或伸，四足如狮，两肋雕有双翼。

石马高2.1米、长1.8米、宽0.74米。控马官高2.7米，胸宽0.7米、厚0.5米。石马马身上雕饰出鞍、鞯、镫、缰、羁、铃等马饰。控马官头戴幞巾，身着长袍，手执杖或缰。

石虎高1.7米、长1.3米、宽0.55米。身躯庞大，

■ 巩义八陵石狮

■ 巩义八陵石人及
石马

雕刻细致，造型逼真。石羊高1.6米、长1.2米、宽0.5
米。造型浑实，通体素面。

　　"藩使"高约3米，胸宽0.85米、厚0.68米。宋代
文官以宰相为首，武官以枢密使为首，上朝排列次序
文官在武官之上，因而陵墓石刻中文臣像居北、武臣
像位南。

　　石像中的文、武臣服饰相同，其区别仅在文臣执
笏板、武臣挂长剑。文武臣头戴三梁或五梁冠，身穿
长袍，腰系方块玉带。

　　陵园四门外各有一对石狮。石狮左牡右牝，牡狮
卷鬣，牝狮披鬣。南门外二狮为行狮、立姿，相顾对
视，高1.9米、长3.08米、宽0.82米。东、西、北门石
狮皆蹲踞昂首，高1.58至2.05米，长1.7米，宽0.7至0.9
米。镇门武士一对，位于陵园南门之外、石狮之北，
高约4米，肩宽1.1米、厚0.7米。武士像高大、勇猛，

笏板 又称"手
板"、"玉板"
或"朝板"，是
用玉、象牙或竹
制成的，是我国
古代臣下上殿面
君时的工具。古
时候文武大臣朝
见君王时，可以
用笏来记录君王
的命令或旨意，
也可以将要对君
王上奏的话记在
笏板上，以防止
遗忘。

巩义八陵将军雕塑

头戴盔，身穿盔甲，手执兵器。

宫人两对，分别位于南门内、陵台前。宫人高约3米，肩宽0.57米，厚0.4米，戴幞巾，穿窄袖长袍，面部清秀，像是宫女。

宋太宗的永熙陵距永昌陵约两华里。永熙陵的石像雄伟，艺术性高。永熙陵的石羊昂首静卧，形象优美，造型艺术或雕刻技法都是宋陵中最优秀的。

永熙陵的鹊台、乳台、门阙等建筑，都超越前代。永熙陵是宋代陵墓中最大的陵，从神道起处的鹊台到神坛底止，全长约586米。墓室深入地下15米，有一条40米长的倾斜墓道通向地面，墓室的整个结构呈圆台形，高12米，底面直径达8米，全部仿木结构，墓壁、门、窗、立柱、屋檐以及墓顶的斗、拱等物，都是用砖砌成的。

两扇青石凿成的大门，宽2.7米，高达4米。门扉上有阴线刻画的神荼、郁垒像。

永定陵是宋真宗赵恒的陵墓，位于河南省巩义市蔡庄北1千米。周围有建筑遗址土丘16个。因为永定陵尚未正式发掘，陵内情形尚不为人知，但陵前的石刻马、羊、狮、虎等保存完好，在北宋诸陵中是保存的最好的一组。

永昭陵是北宋第四位皇帝宋仁宗赵祯的寝陵。位于河南巩义境内。由鹊台至北神门，南北轴线长551米。南神门外神道上，布置有东西对称的石人13对、石羊2对、石虎2对、石马2对、石角端、石朱雀、石象、石望柱各1对，这些石刻造型秀长，雕法细腻。

128

绝代王陵

气势恢宏的帝王陵园

武士身躯高大，形象勇猛，目不斜视、忠实地守卫着宫门。客使体质厚重、轮廓线条简练明确，双手捧贡品，身披大袍，衣褶垂到脚边，人物形神兼备。

石虎造型威武雄健，石羊面目恬静。永昭陵的石朱雀雕刻尤为精美，整屏呈长方形、通身雕成层叠多变的群山云雾，烘托着展翅欲飞的朱雀，犹如一把俊扇挥动着风云。

宋英宗的永厚陵，在巩义旧名"和儿原"的一块高地上，东南距永昭陵只有500米远近。永厚陵的陵台残高15米，底呈正方形，每边长55米，陵前石刻尚残存16件，其中的"望柱"雕刻精美，它呈八棱形，每面都有精雕细琢的云龙纹，纹饰细如游丝，流动变幻，为宋陵石雕佳品。

宋神宗的永裕陵，呈"覆斗形"，底边略为正方，每边60米左右，高约18米，上下有两层台阶，底层原用砖石围砌，上层密植松柏等长绿植株。

陵前石雕像共有17件，是晚期宋陵石刻的代表，造型生动，技法纯熟、流畅。南神门外的石狮，雕刻

郁垒 我国古代传说中能制伏恶鬼的神人，相传是驱鬼神灵钟馗的将官，也是门神之一，位于右边门扇上。相传神荼、郁垒曾用桃条捆起恶鬼扔给了老虎，桃木辟邪的说法由此而来，同时桃木也成为辟邪驱鬼的工具。

神荼 我国古代传说中能制伏恶鬼的神人，相传他是驱鬼神灵钟馗的将官，也是门神之一，位于左边门扇上，身着银盔银甲，面容威严，姿态神武，手执金色战戟，下巴留着落腮胡须。

■ 巩义八陵之永定陵

■ 巩县八陵将军雕塑

得刚健、浑厚、生气勃勃。

人们品评宋陵石雕说："东陵狮子，西陵象，滹沱河上好石羊。"认为永熙陵的石羊、永泰陵的石象和永裕陵的石狮的造型和雕工之佳，在宋陵诸石刻中，应位列榜首。

宋哲宗的永泰陵东南距永裕陵约400米。据有关史料记载，修建哲宗的永泰陵时，仅取石材一项就动用工匠4600人，石27600块。又动用士兵9744人、民夫500人，把这些石头从二三十千米之外、崇山峻岭之中的偃师粟子山运到陵区。修建永定陵时，雕刻侍从人物及象、马等动物的石头用了62块，门石用了14块，皇堂券石用了27377块。

北宋皇陵是我国规模庞大、气势雄伟的皇家陵墓群，长眠了历史上很多优秀的明君。而卓越的石刻艺术，正是北宋皇陵中的焦点。

绝代王陵
气势恢宏的帝王陵园

阅读链接

在宋朝建立之后，赵匡胤依据宰相赵普提出的"削夺其权，制其钱谷，收其精兵"的12字方针，分别从政权、财权、军队这三个方面来削弱了藩镇，以达到强干弱枝、居重驭轻的目的。

首先，赵匡胤派遣文官取代军人担任地方州郡的长官，并在知州之外设立通判，两者共掌政权，互相牵制，分散和削弱了地方长官的权力。然后又设置了转运使来管理地方财政，最后，赵匡胤又将精锐将士都抽调到中央禁军里。

这样一来，赵匡胤就提高了中央的威权，防止了大臣专权局面的出现。

元太祖陵

成吉思汗陵

　　成吉思汗，原名孛儿只斤·铁木真，是我国历史上享有盛名的军事家和政治家。

　　他在1206年建立了蒙古国，国家的地域西达黑海海滨，东括几乎整个东亚，是当时横跨欧亚两洲的大帝国之一。

　　1309年，成吉思汗被追尊庙号元太祖。成吉思汗陵是历史伟人、一代天骄成吉思汗的象征，它位于内蒙古的伊金霍洛旗甘德利草原上，占地约5.5公顷。由于蒙古族实行"密葬"，所以成吉思汗陵是一座衣冠冢。

草原上的蒙古国大汗

铁木真的父亲是蒙古乞颜部的首领也速该，母亲是蔑儿乞部落的诃额仑。也速该和诃额仑在1161年相遇并结婚，1162年，铁木真出生在飘着奶茶和马奶酒香味的漠北草原斡难河的上游地区。

在铁木真9岁时，他的父亲也速该被蔑儿乞部杀害。在铁木真18岁

■成吉思汗陵牌楼

时，昔日的仇敌蔑儿乞部的脱脱部长抢走了他的妻子孛儿帖。

铁木真向蔑儿乞部开战，打败了蔑儿乞人。1184年前后，铁木真被推举为蒙古乞颜部的可汗。

在长期的部落纷争中，铁木真不仅学会了谋略，还日渐谙熟兵法。

据说，铁木真每次发出集合队伍的号令后，就端坐在毡帐中，闭目数算，当计数到一定数目时，他突然睁开双目，这时军队也刚好集合完毕。

■ 成吉思汗画像

铁木真能运筹帷幄，决胜于千里之外，也能身先士卒、冲锋陷阵，他的军队纪律严明，战术灵活。他的铁骑部队冲锋时，如同草原上势不可挡的风暴，令敌人闻风丧胆。

就是这样，他先后战胜了当时蒙古高原最强大的几个部落。善于统领军队的铁木真经常说：

马奶酒 又称元玉浆，俗称酸马奶，是蒙古的传统美食之一，成吉思汗封它为御膳酒，是元朝宫廷和蒙古贵族府第的主要饮料。马奶酒味道醇香可口，具有消除胃火、帮助消化、调理体质、柔软皮肤、活血化瘀，改善睡眠，解毒、补血等功效。

> 没有铁的纪律，战车就开不远。

随着自己力量的不断强大，铁木真进一步统一了蒙古各部。在统一蒙古国的过程中，铁木真为自己的部落带回了各地的丰厚物资，他让一队队骆驼和牛车商队运载大量的贵重织物，用丝绸来捆扎货物，或者

青铜 是由青铜、红铜与锡的合金制成的器具，诞生于人类文明的青铜时代，包括炊器、食器、酒器、水器、乐器、车马饰、铜镜、带钩、兵器、工具和度量衡器。我国的青铜器艺术品完全是由手工制造，器型多种多样，器身浑厚凝重，花纹繁缛富丽，没有任何其他地方的青铜器能与我国的相比。

■ 成吉思汗陵铁马金帐群雕

将丝绸用作包装的材料。

各种各样的物资之中，还包括使用金银丝线镶边的长袍，缝制有小珍珠的丝绸拖鞋、地毯、墙帷、枕头、软垫和毛毯，还有绸制的肩带、编织物、饰穗及丝带等。

除了丝绸和缎子之外，铁木真还为自己部落的人们带回了漆具、纸扇、瓷碗、金属盔甲、青铜刀、木偶、铁罐、铜壶、棋盘游戏和雕刻的马鞍，以及由绿宝石、珍珠、红玉髓、珊瑚、天青石、翡翠、钻石、象牙或龟甲等手工精心制作而成的头发饰物和珠宝饰品，还有酒、蜂蜜和红茶等可实用的物品。

铁木真在作战时英勇无比，又在分配物资时慷慨

而不贪婪，因此很快得到了部下们的尊重和拥护。铁木真对他的部下们说过：

> 打仗时，我若是率众脱逃，你们可以砍断我的双腿；战胜时，我若是把战利品揣进私囊，你们可以斩断我的手指。

铁木真还表现出了善于聚集人才的特点。他带回了各地的王子和牧师、裁缝和药剂师、占星术者和宝石商、画家和占卜者以及魔术师和金匠。任何有一技之长的人，都被铁木真集合到一起，并善待他们。铁木真曾经说过：

> 我一旦得到贤士和能人，就让他们紧随我，不让远去。

千户制 创建于1204年，是我国古代蒙古汗国军政合一的制度。千户制将全蒙古部众划分为95个千户，由千户那颜管理。千户那颜有权分配牧场、征收赋税、差派徭役和统领军队。千户制的建立，是蒙古国在军政制度方面的重大改革。

1206年，在斡难河畔的蒙古包内，蒙古各部首领召开了忽里勒台大会，一致推举44岁的铁木真为全蒙古的大汗，他正式登基成为大蒙古国皇帝，尊号成吉思汗。

"成吉思"是强大的意思，"汗"就是王的意思，"成吉思汗"寓意着"光的精灵般的蒙古大汗"，也正是在这个意义上，成吉思汗被称为蒙古民族的祖先。

成吉思汗极其重视军队的力量，因此，他统一蒙古草原后第一件事就是大封功臣、宗室，把在统一草原时已经实行的千户制进一步完善和制度化，创立了军政合一的千户制。

先后任命了一批千户官、万户官和宗室诸王，建立了一个层层隶属、指挥灵活、便于统治、能征善战的军政组织。成吉思汗还把占领区的人户编为95个千户，分封给开国功臣和贵戚们。

■ 成吉思汗陵

蒙古族原来没有文字，只靠结草刻木记事。后来，成吉思汗找到一个名叫塔塔统阿的畏兀儿人。塔塔统阿本来是乃蛮部太阳汗的掌印官，太阳汗尊他为国傅，让他掌握金印和钱谷。但铁木真让塔塔统阿留在自己左右，只要有颁布法令和使用金印的时候，都会让塔

塔统阿掌管。

不久，成吉思汗又让塔塔统阿用畏兀儿文字母拼写蒙古语，教太子诸王学习，也就是后来的"畏兀字书"。塔塔统阿在成吉思汗的要求下创制了蒙古文字，正是由于有了这种文字，成吉思汗才能把自己的命令颁布成文法和青册。

创制了蒙古文字后，成吉思汗颁布了《成吉思汗法典》，这是当时全天下第一套应用范围最广泛的成文的法典。成吉思汗还建立了一套以贵族民主为基础的蒙古贵族共和政体制度，根据实际能力和忠诚，而不是他们的血统来任命将领。

成吉思汗是位心胸宽广的帝王。他建立的大蒙古国横跨欧亚两洲，当时全天下的各种宗教在大蒙古国的范围之内几乎应有尽有。

其中包括蒙古人原来信奉的萨满教，西藏、西夏和汉人信奉的佛教，金和南宋信奉的道教、摩尼教，畏兀儿和西方各国信奉的伊斯兰教，蒙古高原一些部

金印 也叫印玺，是我国古代帝王专用的，用来发布诏令的印章。印玺以方形为主，沉稳大气，印玺上的文字包括有鸟篆、大篆、小篆在内的各种字体，制作印玺的原材料有金、银、铜、玉、石，印工有琢、铸、凿等多种制作方法。

火药 是我国古代的四大发明之一，最初使用时用来制造烟火，不久后就将其运用于军事，并发明了世界上的第一枚火箭。利用火药制作武器这种军事运用在我国古代已经相当成熟，使得我国的科技遥遥领先于世界。

落乃至钦察、斡罗思各国信奉的基督教等。

成吉思汗虽然征服了天下，但他制定的宗教政策却很宽容，并不强迫所有人都要改信蒙古人的宗教，而是宣布信教自由，允许各个教派存在，而且允许蒙古人自由参加各种教派，还对教徒基本上免除赋税和徭役。对此，他曾说过：

　　如果蒙古人忘记了自己的文明、语言、文字，乃至民族，那么我将会随时回来再次统一你们的！但是蒙古族不拒绝世界上任何好的东西，蒙古族是多元的，要胸如千里草原！

成吉思汗虽然在兵法上有很高的造诣，却不是一位只知武力和野蛮的帝王。他倡导各国使节有豁免权，还废除了用酷刑逼供获取情报的方法。

成吉思汗在国土范围内建立了自由贸易制度，印

■ 成吉思汗陵征战场景雕塑

制了天下第一种国与国之间通用的纸币。

而且，成吉思汗建立的贸易制度既把东方的印刷术、火药、兵器、罗盘和算盘等传播到了西方，还使柠檬、胡萝卜、毛毯、面条、茶叶、纸牌游戏和裤子等成为各国人们生活中必不可少的一部分。

1227年，成吉思汗过世了。他是一位高瞻远瞩的统帅，建立了一个横跨欧亚大陆的大帝国，促进了东西方的思想、技术和生活方式的交流，是我国历史上最伟大的帝王之一。

阅读链接

铁木真小的时候就显露出不同于一般孩子的胆魄和机智。

他9岁那年时，由于被其他部落暗算，他的母亲只好带着他和两个弟弟靠摘野梨，挖野葱，捉地鼠，钓鱼来填饱肚子，一家人过着艰苦的生活。

后来，十几岁的铁木真身体长得很健壮，其他部落的人怕他会和他们作对，就把铁木真捉了起来。

但是铁木真既聪明又有勇气。当他被敌人捉到时，并没有垂头丧气，而是装出一副惊慌害怕的样子由别人摆布，心里却时刻寻找机会准备逃脱，最终靠自己的智慧和勇气逃出了敌人的魔掌。

他也教育属下说："在力量不足的时候，就得忍让，违心地忍让！"

位于鄂尔多斯的圣地

　　据说，成吉思汗曾率领军队路过鄂尔多斯。他见这里水草丰美，花鹿出没，被这美丽的自然景色所陶醉，失手将马鞍掉在了地上。

　　部下正要拾起马鞍时，却被成吉思汗制止了，他对部下们嘱咐说："等我死后，把我葬在这里。"

■ 成吉思汗陵园

　　成吉思汗去世后，当运送他灵柩的灵车行至鄂尔多斯时，车轮突然陷进沼泽地里，即使套上了很多牛马也拽不出来。

　　这时，护送灵车的将领突然回想起成吉思汗曾经说过的话，于是把成吉思汗的毡包、身穿的衫子和一只袜子安放在了鄂尔多斯，并进行供奉。这也就是后来的成吉思汗陵。

　　成吉思汗陵的陵园占地面积55000多平方米，主体建筑由3座蒙古式的大殿和与之相连的廊房组成，建筑雄伟，整个陵园的造型犹如展翅欲飞的雄鹰，具有浓厚的蒙古民族风格。

　　陵园一共分为正殿、寝宫、东殿、西殿、东廊、西廊6个部分。其中，正殿、东殿和西殿是由3个蒙古包式的宫殿一字排开构成。

　　3个殿之间有走廊连接，在3个蒙古包式宫殿的圆顶上，有熠熠闪光的金黄色琉璃瓦和用蓝色琉璃瓦砌成的云头花，这是蒙古民族所崇尚的颜色和图案。

　　中间的正殿高达26米，平面呈八角形，重檐蒙古包式穹庐顶，上覆黄色琉璃瓦，房檐则为蓝色琉璃瓦；东西两殿为不等边八角形单檐蒙古包式穹庐顶，也用黄色琉璃瓦覆盖着，高23米。

绝代王陵

气势恢宏的帝王陵园

■ 成吉思汗陵

忽必烈 蒙古族，我国古代卓越的政治家、军事家。他是幅员辽阔的统一多民族国家元朝的创建者，他在位期间，建立行省制，加强中央集权，使得社会经济逐渐恢复和发展。忽必烈在位35年，谥号圣德神功文武皇帝，庙号世祖。

正殿正中摆放成吉思汗的雕像，高5米，身着盔甲战袍，腰佩宝剑，相貌英武，端坐在大殿中央。塑像背后的弧形背景是"四大汗国"的疆域图，标示着700多年前成吉思汗统率大军南进中原，西进中亚和欧洲的显赫战绩。

在正殿通连东西两个侧殿的走廊里，绘有壁画。西走廊描绘的是成吉思汗一生之中的重大事件，东走廊描绘的是成吉思汗的孙子忽必烈的事迹。

壁画还表现了成吉思汗的孙子忽必烈统一了我国，定都北京，在1271年时正式改国号为元，并追封成吉思汗为元太祖的盛况。

正殿的后半部分就是后殿，也就是寝宫，寝宫内安放着4个用黄缎罩着的灵包，包内分别供奉着成吉思汗和他的三位夫人的灵柩。灵包的前面摆着一个大供台，台上放置着香炉和酥油灯，还有成吉思汗生前用过的马鞍等珍贵文物。

东殿安放着成吉思汗的第四个儿子拖雷及其夫人的灵柩，西殿供奉着象征着九员大将的九面旗帜和"苏勒定"。

苏勒定是古代军旗上的铁矛头，在成吉思汗统一蒙古时，曾用苏勒定指挥过千军万马。传说在成吉思汗过世后，他的灵魂就附在苏勒定上。

在成吉思汗陵的东南角，有金顶大帐、选汗高台、草原市场、文物陈列馆、射击场、赛马场、蒙古摔跤场等设施。其中，金顶大帐高13米，直径18米，是一座蒙古包式的行宫。选汗高台高8米，是历史上牧民推选可汗时的建筑。

蒙古民族祭奠成吉思汗的习俗，最早始于1225年，到了1260年，成吉思汗的孙子忽必烈正式颁发圣

祭品 即祭祀时用的物品。根据不同种族和不同地域，祭品的形式十分丰富，有动物如猪、牛、羊、鸡，也有植物，还可以是衣物等物品。在远古时代和愚昧时代，甚至有拿活生生的人作为祭品；暴政时期也曾出现过用活人陪葬与祭祀的情形，十分残忍。

■ 成吉思汗陵祭台

旨，规定了祭奠成吉思汗先祖的各种祭礼，祭奠礼仪才逐渐完善。

祭礼一般分平日祭、月祭和季祭，都有固定的日期。祭品要供奉烤全羊、圣酒和各种奶食品，并举行隆重的祭奠仪式。

春祭的日期是每年的农历三月二十一，在祭祀规模中是最大、最隆重的。春祭的时候，各盟旗都要派代表或个人前往成吉思汗陵进行奉祭。在祭祀的时候，牧民们会身穿蒙古族节日服装，从四面八方来到陵园，向成吉思汗的塑像敬献美酒、鲜奶和哈达。

成吉思汗陵丛林茂密，芳草萋萋，鸟语花香，在宁静和谐的大草地中，成吉思汗陵以独具风格的相互连通的蒙古包大殿，标示着中华民族史上威震天下的帝王成吉思汗的长眠地。

绝代王陵
气势恢宏的帝王陵园

阅读链接

传说成吉思汗下葬时，为保密起见，曾经以上万匹战马在下葬处踏实土地。为了日后能够找到墓地，人们在成吉思汗的下葬处当着一峰母骆驼的面，杀死了其亲生的一峰小骆驼，将鲜血洒于墓地之上。

等到祭祀成吉思汗时，就牵着那峰母骆驼前往寻找。母骆驼会因想起被杀的小骆驼而在墓地哀鸣，祭祀者就在母骆驼哀鸣处进行隆重的祭奠。

可是，在那峰母骆驼死后，就再也没人能够找到成吉思汗的真正墓葬了，只能以衣冠冢纪念他。

据说成吉思汗去世时，有人拿白色公驼的顶鬃放在成吉思汗的嘴上和鼻子上，让灵魂附着在那团白色驼毛上，处理掉遗体，而把这团驼毛保存在衣冠冢里。后来有人打开过银棺，发现里面确实有一团驼毛。